Quel est le meilleur système politique pour la République démocratique du Congo : fédéralisme, régionalisme, décentralisation ?

Collection « Géopolitique mondiale »
Dirigée par Mwayila TSHIYEMBE

L'objet de la collection « **Géopolitique mondiale** » est de susciter les publications dont la vocation est double : d'une part, donner un **sens** aux mutations provoquées par la mondialisation, étant donné la perte des repères du monde ancien et la nécessité d'inventer des repères du monde nouveau ; d'autre part, analyser la **complexité** des enjeux territoriaux, des rivalités d'intérêt et de stratégies qui pousse les acteurs à user de la **force** ou de la **diplomatie,** pour **modifier** ou tenter de modifier le **rapport** de force (ressources naturelles, humaines, culturelles), selon des **idéologies** qui les animent. A cette fin, la **prospective** et la **pluridisciplinarité** sont des approches privilégiées.

Déjà parus

Mathieu BOMETA KIRONGOZI, *De Gaulle et Mobutu. Deux figures paradoxales en quête de stabilité politique*, 2012.
Ambroise BUKASSA, *Le blocage des télécommunications au Congo-Zaïre*, 2012.
Edmond MOKUINEMA BOMFIE, *Géopolitique de l'eau et gouvernance en province orientale/RDC,* 2012.
Pétillon MUYAMBI DHENA, *Normes internationales impératives et droit d'ingérence humanitaire*, 2012.
Jean-Pierre LOTOY ILANGO-BANGA, *Partenariats entre les multinationales et l'Etat*, 2012.
Mwayila TSHIYEMBE, *Organisations internationales, Théorie générale et études de cas,* 2012.
Mwayila TSHIYEMBE, *Régionalisme et problèmes d'intégration économique. Aléna, Mercosur, Union européenne, Union africaine*, 2012.
Évelyne GARNIER-ZARLI, *Les risques de la fragmentation de la recherche scientifique sur les enjeux sociétaux*, 2011.

Mwayila TSHIYEMBE

Quel est le meilleur système politique pour la République démocratique du Congo : fédéralisme, régionalisme, décentralisation ?

L'Harmattan

Du même auteur
(aux éditions L'Harmattan)

Organisations internationales. Théorie générale et étude de cas, 2012
Régionalisme et problèmes d'intégration économique, 2012
Migration, mondialisation, développement, 2011
Politique étrangère des grandes puissances, 2010
Droit de la sécurité internationale, 2010
Politique étrangère de la République Démocratique du Congo, 2009
L'avenir de la question noire en France, 2008
Refondation de la nation et nationalité en République Démocratique du Congo, 2007
Le défi de l'armée républicaine en République Démocratique du Congo, 2005
Bilan de la transition en République Démocratique du Congo, 2005
Géopolitique de paix en Afrique médiane, 2003
État multinational et démocratie africaine. Sociologie de la renaissance politique, 2001

5-7, rue de l'École-Polytechnique ; 75005 Paris

http://www.librairieharmattan.com
diffusion.harmattan@wanadoo.fr
harmattan1@wanadoo.fr

ISBN : 978-2-336-00645-1
EAN : 9782336006451

Introduction

Au cours de l'été 2012, le télescopage entre la énième guerre de l'Est revendiquée par le mouvement M23 et la décision de M. Kyungu wa Kumwanza, président de l'UNAFEC (Union nationale des fédéralistes du Congo) et président de l'Assemblée provinciale du Katanga, d'appuyer la pétition initiée par l'UNAFEC en faveur de l'instauration du fédéralisme en 2016, a relancé un débat escamoté depuis l'indépendance entre centralisateurs et décentralisateurs, unitaristes et anti-unitaristes, nationalistes et antinationalistes.

Pour ses partisans, le fédéralisme est le porte-étendard de l'eschatologie du grand soir, c'est-à-dire la sortie de l'enfer et l'entrée au paradis sur Terre : « *Seul le fédéralisme est en mesure de permettre à chaque province d'exploiter ses richesses pour le bien de toute la république*[1] », déclare Kyungu wa Kumwanza. Pour ses opposants, le fédéralisme est la ligne Maginot de la balkanisation de la République Démocratique du Congo. À l'appui de cette thèse, référence est faite soit à la fameuse déclaration du Premier ministre, Patrice-Emery Lumumba, : « *Le complot était déjà fait ; le plan était déjà établi ; c'est d'imposer un gouvernement contre la volonté du peuple ; la Belgique désire balkaniser le Congo ; l'éclatement du Congo, c'est demain* », soit à celle de ses contemporains : « *L'instauration du fédéralisme hic et nunc est la partition de fait du territoire avec la rébellion menée par le M23, sponsorisée par le Rwanda et l'Ouganda* [2]».

---

[1] Kyungu wa Kumwanza, in Radio Okapi, 10 juillet 2012.

[2] In *Kongo Times* du 13 août 2012.

Par-delà les imprécations des uns et les sarcasmes des autres, force est d'appréhender le retour du débat sur le fédéralisme comme une opportunité intellectuelle à saisir, pour valider ou invalider les critiques contre le système politique congolais en vigueur, et ce, quelle que soit l'issue de cette initiative de révision constitutionnelle par une « *fraction du peuple congolais, en l'occurrence 100000 personnes, s'exprimant par une pétition adressée à l'une des deux chambres* » (art. 218, al. 1, point 4).

En effet, la procédure susmentionnée est une course d'obstacles au cours de laquelle nul prétendant ne peut crier victoire avant de franchir la ligne d'arrivée. Outre la mobilisation d'une majorité absolue de chaque chambre du Parlement (Sénat et Assemblée nationale) votant en faveur du *bien-fondé* de la pétition de révision, la révision constitutionnelle n'est définitive que si la pétition est approuvée soit par le référendum, soit par les deux chambres réunies en Congrès, votant à la majorité de 3/5 (art. 218, al. 2, 3 et 4)

Dans cette perspective, deux questions méritent d'être posées, pour sortir ce débat de l'obscurité intellectuelle où il s'est empêtré dès l'aube des indépendances : primo, du fédéralisme, du régionalisme politique et de la décentralisation, lequel de ces trois systèmes politiques est le meilleur pour la République Démocratique du Congo ? Secundo, qu'est-ce que le fédéralisme apporterait de plus à la République Démocratique du Congo que le système politique en vigueur, à savoir le régionalisme politique et la décentralisation ?

Pour tenter de répondre à ces interrogations, une analyse comparée des fondements du fédéralisme, du régionalisme politique et de la décentralisation de l'État congolais s'impose, afin de dégager la substantifique moelle de ce qui les rapproche et de ce qui les sépare.

C'est le souci élucider la quintessence du fédéralisme, du régionalisme politique et de la décentralisation de l'État congolais qui est l'objet de la rédaction à brûle-pourpoint de cet ouvrage, en tant que contribution à ce débat.

Chapitre 1

L'enjeu intellectuel de ce débat

1. Le provincialisme constitutionnel[3] ou le régionalisme politique

Voici des décennies que le *fédéralisme* et la *décentralisation* font l'objet d'une interrogation sur les systèmes politiques applicables en République Démocratique du Congo, et ce dans les deux sens : soit système politique au sens d'une entité dynamique se transformant et réagissant à son environnement par échange constant de flux ou d'un « *ensemble des interactions par lesquelles les objets de valeur sont répartis par voie d'autorité dans une société*[4]», selon David Easton, soit système politique au sens d'un ensemble organisé d'institutions politiques (appareils étatiques, agences gouvernementales, ministères), d'acteurs politiques (individus, partis politiques, syndicats, organisations non gouvernementales), de normes et de croyances politiques (idéologies, doctrines, lois, règles), de rapports politiques (gouvernants-gouvernés, État-société, relations internationales).

Néanmoins, ce distinguo ne livre qu'une vue partielle des méandres constitutionnels de ce pays. Il suffit, pour s'en convaincre, de décrypter l'esprit et la lettre des textes constitutionnels de la I[e] et de la IIIe République, la deuxième

[3] Le provincialisme constitutionnel signifie la constitutionnalisation des provinces comme centres d'impulsion et de développement à la base structurelle de la territorialité de l'État.

[4] David Easton, *Analyse du système politique*, Paris, Armand Colin, 1965, p. 23.

République exceptée, pour découvrir que le *provincialisme constitutionnel,* ou le *régionalisme politique* dirions-nous aujourd'hui, est le *système politique originel* de la République Démocratique du Congo depuis 1960, bien que de temps en temps, il soit confondu avec le fédéralisme. Et pour cause.

Redoutant l'affrontement manichéen des fédéralistes et des anti-fédéralistes, le constituant n'est pas allé à la recherche d'un système politique idéal dont l'épure serait la lame de fond des normes et institutions sur lesquelles se gaussent les élites aujourd'hui. Bien au contraire, le constituant est en quête d'une capacité de pénétration ou d'une ligne de partage des pouvoirs entre l'État indivisible, les territoires et les peuples, en tant que socle de l'architectonie institutionnelle.

Dans cette optique, *l'union sacrée des provinces avec l'État indivisible* s'est imposée au constituant comme principe sacro-saint, censé donner corps et signification à la nouvelle république. Et ce, dans le but de maximiser les atouts et minimiser les vulnérabilités d'un *État continent* (2.345.000 km²), caractérisé par un espace éclaté voire désarticulé[5]. En effet, les provinces riches et peuplées de la République démocratique du Congo sont situées à la périphérie et tournées vers les pays voisins ; le centre du pays est un espace vide dont l'isolement est aggravé par une cuvette inhospitalière, à cause de sa forêt dense et humide ou marécageuse ; l'excentricité de Kinshasa met la capitale à plus de deux mille kilomètres des provinces frontalières.

L'histoire des sécessions du Katanga (11 juillet 1960) et de Bakwanga (8 août 1960) ; des rébellions lumumbistes (1964) et post-lumumbistes menées par l'Alliance des forces pour la libération du Congo et alliés (1996-2003), y compris leurs métastases, c'est-à-dire les rébellions du Congrès

---

[5] Roland Pourtier, « Zaïre : le chaos et après ? », in revue *Parlements et francophonie*, n° 97-98, pp. 111-125.

national pour la défense du peuple (2008) et du M23 (2012), corrobore les craintes du constituant, face aux contraintes (dangers du dedans et menaces du dehors) et aux déterminations physiques de l'espace congolais.

Tant et si bien que la géophysique et sa logique implacable ont fini par déterminer la recomposition géopolitique interne de la République démocratique du Congo, telle qu'elle ressort de l'esprit et de la lettre de trois textes constitutionnels, à savoir : la Loi fondamentale, la Constitution de Luluabourg et la Constitution de 18 février 2006.

Dans la Loi fondamentale du 19 mai 1960 (rédigée par la Belgique pour tenir lieu de constitution intérimaire à la République Démocratique du Congo), l'article 6 stipule que « *Le Congo constitue, dans ses frontières actuelles, un État indivisible et démocratique* », tandis que l'article 7 précise : « *Il est constitué de six provinces dotées chacune de la personnalité civile. Leurs limites sont celles qui existent lors de l'entrée en vigueur de la présente loi* ». Quant à l'article 8, il énonce que : « *L'État du Congo comprend des institutions centrales (le chef de l'État, le gouvernement dirigé par un Premier ministre, la chambre des représentants et le Sénat), les institutions provinciales (le gouvernement provincial dirigé par un Président, l'Assemblée provinciale), les institutions locales (celles organisées par la législation existante au moment de l'entrée en vigueur de la présente loi)* ».

Dans la constitution de Luluabourg (1er août 1964), l'article 1 proclame que : « *La République Démocratique du Congo, dans ses frontières au 30 juin, est un État souverain, indivisible, démocratique et social* ». L'article 2 ajoute : « *toutes les autorités de la République et des provinces ont le devoir de sauvegarder l'intégrité du territoire de la République* » tandis que l'article 4 complète : « La *République Démocratique du Congo se compose de la ville de Léopoldville et des provinces autonomes* ».

2. Le régionalisme politique et la décentralisation

Qu'on l'accepte ou qu'on le déplore, la singularité de la constitution du 18 février 2006 est d'avoir couplé le *régionalisme politique* avec la *décentralisation* de l'État congolais comme solution idoine, face au rejet du fédéralisme.

Non seulement le constituant n'a pas instauré le fédéralisme comme système politique en République Démocratique du Congo, et qui plus est, le projet fédéraliste[6] adopté par la Conférence nationale souveraine (le 18 novembre 1992) n'a pu être soumis au référendum, à cause de la crise du leadership au sommet de l'État, opposant le tandem Mobutu/Tshisekedi et provoquant le dédoublement institutionnel.

Certes, on peut objecter que le centralisme exacerbé du parti État et son chaotique bilan plaidaient en faveur d'une telle rupture. Soit ! Néanmoins, nul ne sait ce qu'il adviendrait de ce référendum, compte tenu de l'absence de *consensus*[7] dans la classe politique et dans le pays sur un système politique minimal.

Fermant cette parenthèse, l'article 1 de la constitution du 18 février 2006 énonce que : « *La République Démocratique du Congo est, dans ses frontières du 30 juin 1960, un État de droit, indépendant, souverain, uni et indivisible, social, démocratique et laïque* ». L'article 2, alinéa 1, stipule que : « *La République Démocratique du Congo est composée de la ville de Kinshasa et de 25 provinces dotées de la personnalité juridique* ». Quant à l'article 3, il précise que : « *Les provinces et les entités territoriales décentralisées de la République Démocratique du Congo sont dotées de la personnalité*

---

[6] Mwayila TSHIYEMBE, « Le Zaïre et la troisième République. Réflexions sur le projet constitutionnel adopté par la conférence nationale souveraine en 1992 », in revue *Parlements et Francophonie*, n° 99, premier trimestre 1996, pp. 45-68.

[7] Ambroise Bukasa, *Congo-Zaïre. Eternel rebelle au consensus politique*, Paris, L'Harmattan, 2010, p. 6, 325,329.

juridique et sont gérées par les organes locaux. Elles jouissent de la libre administration et de l'autonomie de gestion de leurs ressources économiques, humaines, financières et techniques ».

Parallèlement à l'exposé des motifs de la constitution de 2006 réaffirmant la centralité du *provincialisme constitutionnel* : « *Dans le but d'une part, de consolider l'unité nationale mise à mal par des guerres successives et, d'autre part, de créer des centres d'impulsion et de développement à la base, le constituant a structuré administrativement l'État congolais en 25 provinces plus la ville de Kinshasa dotées de la personnalité juridique et exerçant des compétences de proximité énumérées dans la présente constitution*[8] », l'exposé des motifs de la Loi portant principes fondamentaux relatifs à la libre administration des provinces (juillet 2008) désigne le *régionalisme politique,* pour la première fois depuis 1960, en ces termes : « *Le statut, l'organisation et le fonctionnement de la province procèdent des dispositions constitutionnelles qui instituent le régionalisme politique en République Démocratique du Congo, déterminent les institutions politiques de la province et répartissent les compétences entre elle et le pouvoir central*[9] ».

À la lumière de ce qui précède, l'on est en droit de se poser la question suivante : pourquoi le constituant congolais a-t-il mijoté les ingrédients normatifs et institutionnels du régionalisme politique et de la décentralisation dans la constitution de 2006 ?

La réponse découle de l'histoire politique de la République Démocratique du Congo. Outre le coup d'État de J.D. Mobutu et ses conséquences durant la IIe République, les guerres récurrentes[10] de l'Est depuis la prise de pouvoir de l'AFDL et leur macabre bilan (3 à 4 millions

---

8 Exposé des motifs, constitution de 2006, titre 1 « De l'État et de la souveraineté ».

9 Exposé des motifs, Loi portant principes fondamentaux relatifs à la libre administration des provinces, juillet 2008.

10 Nissé Nzereka Mughendi, *Guerres récurrentes en République Démocratique du Congo*, Paris, l'Harmattan, 2010, chap. 2.

de morts, selon les estimations) ont alourdi un climat politique déjà délétère. Chemin faisant, la décentralisation de 2006 revêt un double sens : un archaïsme et une innovation.

A. La décentralisation de 1982 est une imposture

Un *archaïsme*, la décentralisation de 1982 fait corps avec le principe de l'indivisibilité de la République et vise à empêcher la division de la souveraineté étatique et les divisions au sein de la nation reposant sur l'existence d'un pacte républicain Cependant, elle entretient une confusion entre *l'indivisibilité* qui remplit une fonction protectrice et *l'uniformité* qui tend à cristalliser les inégalités en refusant d'appliquer différemment la règle de droit.

Abordée sous l'angle de l'expérience française[11], la décentralisation est principalement *administrative* et la *libre administration* des collectivités territoriales est mise en œuvre dans les conditions prévues par la loi. Dans cette acception jacobine, la souveraineté de l'État indivisible ne saurait, pour cette raison, être partagée avec les collectivités territoriales.

C'est dans cette vision étriquée de l'indivisibilité de l'État que s'inscrit la décentralisation de 1982, non point par mimétisme, comme c'est souvent le cas, mais en tant qu'escamotage du processus constitutionnel de la République Démocratique, dont l'élucidation dévoile un lien originel avec le coup d'État du 24 novembre 1965.

À l'instar de tout pouvoir usurpé par la force des armes, en effet, le nouveau régime en quête de légitimité et de stabilité a sciemment amalgamé l'*État indivisible*[12] et le *provincialisme constitutionnel*, pour instaurer la *dictature*. Pour se légitimer, elle se drape des vertus du principe de l'*unité de direction* propre à la centralisation administrative pour asséner que la centralisation

---

[11] Emmanuel Aubain et Catherine Roche, *L'essentiel du Nouveau droit de la décentralisation*, Paris, Gualino éditeur, 2006, chap. 1.

[12] Devenu l'État unitaire dans la constitution du 24 juin 1967.

renforce la puissance interne et externe de l'État et permet de lutter contre les forces centrifuges qui souhaitent miner l'unité de l'État et rationaliser les services publics.

Dès lors, de l'*unitarisme* revendiqué contre le fédéralisme par la constitution du 24 juin 1967 « *la République Démocratique du Congo est un État unitaire, démocratique est social* », on est passé au *centralisme* avilissant, cheval de Troie dans les flancs duquel la superposition de toutes les extravagances culmine d'abord avec la création du parti unique : « *Le Mouvement populaire de la révolution est le seul parti politique de la République* » (Loi n° 70 du 23 décembre 1970 portant révision de la constitution, art. 1), et ce en violation de l'article 4 de la constitution du 24 juin 1967, selon lequel : « *Les partis politiques concourent à l'expression du suffrage universel. Il ne peut être créé plus de deux partis dans la République* ».

Ensuite, avec la *suprématie* du parti unique sur l'État, prônée par la constitution révisée de 1974, le MPR devient non seulement l'unique institution de la République incarnée par son président : « *En République du Zaïre, il n'existe qu'une seule institution, le Mouvement populaire de la révolution, qu'incarne son Président* » (art. 28), mais également « *Le Mouvement populaire de la révolution est la nation zaïroise organisée politiquement* ».

Enfin, avec l'élévation du président-fondateur du Mouvement populaire de la révolution au-dessus de la constitution, ledit président fondateur n'est plus soumis à l'obligation de l'art. 31, selon laquelle : « *le Président du Mouvement populaire de la révolution est élu pour cinq ans au suffrage universel direct. Il n'est rééligible qu'une seule fois* », ni à celle de l'article 46 prévoyant la destitution du Président du MPR par une motion de censure du Bureau politique, pour motif de déviationnisme : « *Lorsque le déviationnisme est constaté par le Bureau politique, celui-ci prononce la destitution du Président du Mouvement populaire de la Révolution* » (Dispositions spéciales, article unique, titre VII).

Chemin faisant, la décentralisation bricolée par les thuriféraires de la dictature est un leurre dont l'enjeu est double : d'un côté endormir les esprits, juste le temps de faire avaler la pilule amère de la décadence du Zaïre, sous forme des Plans d'ajustement structurel du FMI et de la Banque mondiale, de l'autre, accorder un sursis au pouvoir déliquescent, en attendant les jours meilleurs. Pour ce faire, il fallait clamer haut et fort l'impérieuse nécessité de sauver le Zaïre du champ des ruines où l'avait précipité le parti-Etat, lorsque la fonction démiurgique du pouvoir fort tant magnifiée, s'était avérée illusoire.

Sitôt requinqué par le soutien des bailleurs de fonds, le parti-État a repoussé aux calendes grecques l'ensemble du processus d'application des ordonnances-lois du 25 février 1982, portant organisation territoriale, politique et administrative de la République, y compris l'organisation des élections locales et municipales et le statut de la ville de Kinshasa.

B. La décentralisation de 2006 est une innovation

Une *innovation*, la décentralisation de 2006 est une rupture radicale avec la décentralisation étriquée des ordonnances-lois de 1982, pour deux raisons au moins : d'un côté, son fondement juridique est la constitution et non la loi[13] ; de l'autre, le constituant l'a érigée au cœur du *régionalisme politique,* en tant que bloc constitutionnel autonome (autonomie de gestion, liberté d'administration), d'où émane un *nouveau leadership local* incarné par les Entités territoriales décentralisées (villes, communes, secteurs, chefferies), en concurrence ou en complémentarité avec les leaderships *central* et *provincial* (voir détails au point 3).

---

[13] En France, la décentralisation est entrée dans la constitution à la suite de la réforme constitutionnelle de 2003.

Chapitre 2

Les fondements du fédéralisme, de la décentralisation et du régionalisme politique

1. Le fédéralisme

Le mot fédéralisme vient du latin *foedus* et signifie *alliance*. Cette alliance peut être conclue de deux manières : soit par une *logique descendante*, c'est-à-dire la scission d'un État unitaire en plusieurs entités appelées États fédérés, soit par une *logique ascendante*, c'est-à-dire la création d'un État fédéral par agrégation des États unitaires, sur base d'une constitution de droit interne.

On peut entendre par fédéralisme un État composé dans lequel il y a partage du pouvoir à partir des territoires. À ce titre, le fédéralisme est une approche géopolitique sinon une méthode de division des pouvoirs de manière que le gouvernement central et les gouvernements des États fédérés soient, chacun dans leurs sphères, coordonnés et indépendants.

Selon la *théorie de l'État fédéral* inspirée du modèle américain de 1787 (qui a succédé à la confédération de 1777), le fédéralisme repose sur plusieurs paramètres : trois principes, une typologie, un régime politique.

A. Principes

Principe de séparation : les compétences législatives et les compétences exécutives sont réparties entre deux niveaux de gouvernement, l'un fédéral et l'autre fédéré ou local. Ces compétences peuvent être exclusives ou concurrentes.

Principe d'autonomie : le gouvernement de l'État fédéral et les gouvernements des États fédérés possèdent une indépendance dans leurs domaines de compétences respectifs. Les États fédérés sont autonomes sur le plan non seulement administratif, mais aussi législatif et surtout constitutionnel. L'*autonomie constitutionnelle* s'exprime par le fait que chaque État fédéré a une constitution propre. Cette autonomie constitutionnelle est soit *organique* (la constitution de l'État fédéré découle d'un pouvoir constituant propre : c'est-à-dire qu'elle n'est pas accordée voire élaborée par l'État fédéral), soit *matérielle* (la constitution de l'État fédéré peut réglementer tout ce qui n'est pas prévu par la constitution fédérale). À l'autonomie constitutionnelle s'ajoute l'*autonomie législative*, c'est-à-dire le pouvoir de l'État fédéré d'adopter ses propres lois. L'autonomie législative peut être soit *organique* (dans l'État fédéré, il existe un Parlement local qui adopte des lois locales, c'est-à-dire applicables sur le territoire de l'État fédéré), soit *matérielle* (les États fédérés sont compétents dans les domaines délimités par la constitution fédérale. Quant à l'*autonomie administrative*, elle confirme le principe selon lequel chaque État fédéré dispose de sa propre administration.

Principe de participation : les États fédérés sont représentés et participent aux décisions fédérales par le *bicamérisme* (le Sénat est la chambre des États fédérés tandis que la Chambre des députés représente la population). En d'autres termes, la *participation au pouvoir législatif* des États fédérés est indirecte, car elle se réalise par le biais du Sénat tandis que la participation au pouvoir constituant fédéral est indirecte, parce qu'elle passe par le Sénat.

Principe de superposition : le droit fédéral l'emporte directement sur le droit des États fédérés, c'est-à-dire sans intervention des autorités locales. Autrement dit, il y a primauté ou applicabilité directe du droit fédéral.

Principe de contrôle juridictionnel fédéral en cas de différends entre État fédéral et États fédérés : les litiges de détermination des compétences entre l'État fédéral et les États fédérés sont soumis à une juridiction constitutionnelle, notamment la Cour suprême des États-Unis (constitution, art. III, section 2).

B. Typologie

La typologie classique du fédéralisme distingue deux options : le *fédéralisme territorial* et le *fédéralisme communautaire.*

Le *fédéralisme territorial* qualifie le système d'organisation et d'administration de l'*État fédéral* tandis que le *fédéralisme communautaire* est axé sur la fédération des ethnies ou des communautés en fonction de leur origine ou de leur religion (fédéralisme multiconfessionnel au Liban, en Égypte). Il existe également le *fédéralisme coopératif* de type allemand où le Bundesrat (chambre des Länder) coopère avec le Bundestag (chambre de la population) dans un certain nombre de domaines, par le biais d'organes qui, au départ, étaient improvisés, puis inscrits dans la loi fondamentale. Bien que d'une part, « *L'exercice des pouvoirs étatiques et l'accomplissement des missions de l'État relèvent des Länder, à moins que la présente Loi fondamentale n'en dispose autrement ou n'admette un autre règlement* » (constitution, art. 30) et d'autre part, « *Par l'intermédiaire du Bundesrat, les Länder concourent à la législation et à l'administration de la Fédération et aux affaires de l'Union européenne* » (constitution, art. 50), il existe une *Commission commune* composée pour 2/3 de députés du Bundestag et pour 1/3 de membres du Bundesrat à laquelle le gouvernement fédéral doit fournir les informations sur les mesures envisagées pour l'état de la défense (constitution, art. 53). En matière de législation, il existe la compétence législative exclusive de la

Fédération (art. 71) et la compétence législative concurrente de la Fédération (art. 72). Dans le premier cas, les Länder ne peuvent légiférer que si une loi fédérale les y autorise expressément et dans la mesure prévue par la constitution. Dans le second cas, les Länder ont le pouvoir de légiférer aussi longtemps et pour autant que la Fédération n'a pas fait, par une loi, usage de sa compétence législative.

C. Régime politique

Si on entend par régime la mise en œuvre d'un système politique, le fédéralisme peut s'accommoder soit avec un régime présidentiel (modèle américain), soit avec un régime parlementaire (modèle allemand).

Le régime présidentiel de type américain[14] repose sur trois axes : une séparation rigide des pouvoirs, un pouvoir législatif bicaméral et autonome, les contre-pouvoirs pour éviter la concentration des pouvoirs

- **Séparation rigide des pouvoirs**

« Le pouvoir exécutif sera confié à un président des États-Unis », énonce l'art. II, sect. 1.

Ce pouvoir exécutif est monocéphale et autonome, car le président exerce le pouvoir exécutif et dispose de moyens d'action sur le Congrès. En outre, son élection au suffrage universel lui confère une réelle légitimité. Il est assisté d'un vice-président sans attributions propres (excepté la présidence du Sénat) et d'un cabinet dont les membres sont nommés par le président avec l'avis du Sénat, mais ils ne sont pas responsables devant le Congrès.

Le président dispose de pouvoirs étendus notamment le *pouvoir gouvernemental*, le *pouvoir réglementaire* d'exécution des lois, le *pouvoir administratif* (il nomme et révoque les

---

[14] Sophie Collinet, *Droit constitutionnel*, Paris, Librairie Vuibert, 2001, 4e édition, chap. 3.

fonctionnaires fédéraux), le *pouvoir diplomatique* (il conduit la politique étrangère des États-Unis). Il dispose de moyens d'action sur le Congrès : il peut *convoquer les chambres* en session extraordinaire ; il dispose d'un *droit de message* souvent utilisé comme un droit d'initiative législative ; il dispose d'un *droit de veto :* dans les 10 jours suivant la transmission d'une loi votée par le Congrès, le président peut refuser expressément de la promulguer. Ce veto ne peut être levé que par un vote à la majorité de deux tiers au Sénat et à la chambre des représentants. En fin de session parlementaire, il peut utiliser le *veto de poche* (*pocket veto*), c'est-à-dire s'opposer à une loi en fin de session parlementaire, afin que le Congrès qui n'est plus en session ne puisse pas lever son veto.

- **Le pouvoir législatif bicaméral et autonome**

« *Tous les pouvoirs législatifs accordés par la présente constitution seront attribués à un Congrès des États-Unis composé d'un Sénat et d'une Chambre des représentants* », stipule l'art. 1, sect. 1.

Le Sénat représente les États fédérés avec 2 sénateurs par État élus au scrutin majoritaire à un tour, pour un mandat de 6 ans, renouvelable par tiers tous les deux ans. La chambre des représentants représente la population : elle est composée de 435 membres répartis entre les États en fonction de leur population et élus pour un mandat de 2 ans.

Le congrès exerce le *pouvoir législatif*, mais l'initiative des lois appartient aux membres du Congrès. La proposition est inscrite à l'ordre du jour de la chambre et transmise pour examen à une commission. Le texte doit être voté en termes identiques par les deux assemblées. Dans le cas contraire, une commission de conciliation composée de membres des deux chambres se réunit pour adopter un texte de compromis. Ce texte peut être soit amendé soit rejeté par les deux chambres.

Les autres compétences du Congrès sont : le *pouvoir constituant* (il élabore les amendements à la constitution), *le pouvoir judiciaire* (il peut utiliser la procédure d'*impeachment* pour traduire en justice les secrétaires d'État et le président devant le Congrès pour trahison ou autres crimes et délits importants contre l'État.). La mise en accusation intervient à l'initiative de la chambre des représentants par vote à la majorité simple et la révocation est prononcée à la majorité des trois cinquièmes par le Sénat.

Le Sénat dispose de pouvoirs propres : il autorise la *ratification des traités* à la majorité des deux tiers des sénateurs présents. Pour échapper à cette contrainte, le président utilise les traités simplifiés « *exécutive agreement* » non soumis à la ratification du Sénat. Il approuve à la majorité simple nombre de *nominations* faites par le président.

- **Les contre-pouvoirs**

Il existe le *contre-pouvoir judiciaire* à la tête duquel trône la Cour suprême : « *Le pouvoir judiciaire des États-Unis sera confié à une Cour suprême et à telles cours inférieures dont le Congrès pourra périodiquement ordonner l'institution* », proclame l'art. III, sect. 1. Elle est composée de 9 membres nommés par le président avec l'accord du Sénat. La constitution fédérale ne prévoit pas un *contrôle de constitutionnalité des lois*. C'est la Cour suprême qui a reconnu ce pouvoir aux tribunaux avec le célèbre arrêt Marbury v. Madison de 1803. La voie la plus couramment utilisée est celle de l'exception d'inconstitutionnalité.

Le *contre-pouvoir* des États fédérés s'exerce dans leur sphère de compétence pour limiter l'interventionnisme de l'État fédéral. Quant au *contre-pouvoir politique*, il est exercé par les deux partis (Républicains et Démocrates) dans la mesure où, en principe, ils ne soutiennent pas une idéologie. Ce sont des partis d'électeurs. Une fois élus, les parlementaires américains ont une large marge de manœuvre dans leur vote et ne respectent aucune consigne de vote.

2. La décentralisation[15]

Pour saisir la portée de la décentralisation, force est de partir du postulat que l'État unitaire ou indivisible, en tant que type idéal, repose sur trois axes : *unité du territoire* (il ne peut être fragmenté en circonscriptions), *unité de la population* (elle forme un tout appelé nation. Aucune partie de celle-ci ne peut revendiquer une place particulière), *unité de l'organisation politique* (un seul pouvoir exécutif, un seul pouvoir législatif, un seul pouvoir judiciaire).

Néanmoins, ce type idéal n'est réalisable nulle part. Cela explique quelques aménagements tels que la décentralisation, la déconcentration, opérés en vue de rendre le type idéal opérationnel, en fonction de l'histoire, de la culture, des aspirations des peuples en cause, des rivalités d'intérêts et des stratégies politiques des acteurs.

Ainsi, le mot *décentralisation* vient du verbe *décentraliser* (composé du préfixe dé et de centraliser) qui signifie : soit rendre autonome ce qui est centralisé, soit donner le pouvoir de décision à la gestion administrative locale, à des collectivités territoriales, à des personnes publiques élues par les administrés.

En d'autres termes, la décentralisation est un système de transfert des compétences de l'État vers les collectivités territoriales ou institutions publiques, pour qu'elles disposent d'un pouvoir juridique et d'une autonomie financière.

Dès lors, l'enjeu de la décentralisation est double : assurer un meilleur équilibre des pouvoirs sur l'ensemble du territoire et favoriser l'émergence d'une démocratie de proximité.

---

15 Le modèle français sert de cadre d'analyse.

A. Principes

Quatre principes sont au cœur du nouveau droit de la décentralisation, selon le modèle français : la libre administration, le pouvoir normatif des collectivités territoriales, l'expérimentation normative locale et le principe de subsidiarité, la contractualisation et le partenariat.

- **Personnalité juridique**

Les collectivités territoriales décentralisées sont dotées d'une *personnalité juridique* à partir de laquelle elles peuvent posséder un patrimoine propre, être sujet de droits et d'obligations et bénéficier de l'autonomie financière. En d'autres termes, la personnalité juridique est la condition de l'autonomie organique et fonctionnelle des entités territoriales décentralisées

- **Libre administration**

Contrairement au mot décentralisation qui a attendu la réforme constitutionnelle de 2003 pour entrer dans la constitution, la notion de *libre administration* a fait l'objet d'une constitutionnalisation dès 1946. L'art. 87 de la constitution de la 4e République disposait que : « *Les collectivités territoriales s'administrent librement par des conseils élus au suffrage universel direct* [16]», rappellent Emmanuel Aubin et Catherine Roche.

Devenu le principe matriciel de la décentralisation, il a été porté au pinacle par la jurisprudence du Conseil constitutionnel dès 1979 au sujet du territoire de la Nouvelle-Calédonie.

La libre administration implique d'une part, l'*élection des conseils* (conseil constitutionnel, 8 août 1985, situation de la Nouvelle-Calédonie), d'autre part, l'existence de *ressources fiscales suffisantes* (Conseil constitutionnel, 29 décembre 1998,

---

[16] Emmanuel Aubin et Catherine Roche, *op.cit.*, chap. 4.

loi de finances pour 1999) et *fonctionnelles* car les conseils doivent être dotés d'attributions effectives (Conseil constitutionnel, 8 août 1985, Situation en Nouvelle-Calédonie).

- **La liberté contractuelle**

La liberté contractuelle des collectivités territoriales fait partie du principe de libre administration (Conseil constitutionnel, 20 janvier 1993, Loi relative à la prévention de la corruption et à la transparence de la vie économique et des procédures publiques).

Néanmoins, la libre administration est aux collectivités territoriales ce que le droit de grève est aux salariés et fonctionnaires. En effet, les collectivités territoriales s'administrent librement, dans les conditions prévues par la loi. Par ailleurs « *la libre administration des collectivités territoriales est au nombre des libertés fondamentales auxquelles le législateur a entendu accorder une protection juridictionnelle* », souligne le Conseil d'État (Conseil d'État, 18 janvier 2001, Cne de Venelles, RFDA 2001).

- **Pouvoir normatif des collectivités territoriales**

La notion de pouvoir réglementaire désigne le droit, pour les autorités locales habilitées par un texte de loi, de prendre des normes juridiques afin d'exercer la liberté d'administration des collectivités territoriales. Toutefois, les collectivités territoriales ne disposent pas, en France, d'un pouvoir réglementaire autonome qui amènerait les autorités locales à prendre des actes dans les domaines relevant de la compétence du législateur. L'acte II de la décentralisation a, en revanche, étendu la possibilité, pour les collectivités territoriales d'outre-mer, d'adopter des lois de pays dont la valeur juridique formelle est variable.

- **Expérimentation normative locale et principe de subsidiarité**

Si l'acte II de la décentralisation n'a pas consacré l'existence de lois à vocation territoriale, l'une des principales innovations de la réforme de 2003 a consisté à faire entrer dans l'ordre constitutionnel le *droit à l'expérimentation* qui s'articule avec le principe de *subsidiarité* dans la mesure où l'expérimentation constitue un outil juridique permettant de déterminer l'échelon territorial le plus pertinent pour gérer une politique publique.

En pratique, l'on constate que ce droit à demander l'expérimentation est très encadré afin, notamment, d'assurer le respect du principe d'égalité, l'expérimentation ayant seulement pour objet de tester, sur un objet limité et pendant une période de 5 ans, une nouvelle façon de gérer certaines politiques publiques avec, à la fin du « test normatif », une seule alternative : la généralisation de l'expérience qui devient alors le doit commun ou son abandon si l'évaluation s'avère négative.

- **Principe de subsidiarité**

Quant au principe de *subsidiarité*, l'art. 72 al. 2 dispose que : « *Les collectivités territoriales ont vocation à prendre les décisions pour l'ensemble des compétences qui peuvent le mieux être mises en œuvre à leur échelon* ».

Ce principe a pour but de guider le législateur dans les transferts de compétences. Le Conseil constitutionnel a indiqué la portée du principe de subsidiarité dans une décision rendue le 7 juillet 2005 (Conseil constitutionnel, 7 juillet 2005, Loi de programmation fixant les orientations de la politique énergétique, *Dr. administratif.* 2005, n° 114), dans laquelle il précise que le législateur n'a pas méconnu ce principe constitutionnel en confiant au préfet du département le soin de définir les zones de développement de l'énergie éolienne.

- **Contractualisation et partenariat**

La *contractualisation* constitue une technique juridique permettant de mettre en place un partenariat entre l'État et les collectivités territoriales dans la gestion de nombreuses compétences. La création par ordonnance des contrats de partenariat public-privé devrait permettre, quant à elle, aux collectivités de systématiser les relations contractuelles avec les personnes de droit privé.

Il s'agit soit des contrats de plan portant sur l'aménagement du territoire, qui lient l'État et les régions, soit des contrats entre les collectivités territoriales, soit des contrats de partenariat public/privé, permettant à une personne publique de confier à un tiers une mission globale relative au financement d'investissements immatériels, d'ouvrages ou d'équipements nécessaires au service public, à la construction ou à la transformation des ouvrages et équipements publics ainsi qu'à leur entretien, leur maintenance, leur exploitation ou leur gestion. Les contrats de partenariat public/privé ont été avalisés à la fois par le Conseil d'État et le Conseil constitutionnel.

Concernant les *interventions économiques et sociales* des collectivités territoriales, elles portent à la fois sur les aides en faveur du développement économique et sur le domaine sécuritaire des collectivités locales.

Dans ce dernier cas, les compétences des collectivités territoriales dans le champ de la sécurité concernent à la fois la prévention de troubles à l'ordre public et la lutte contre la délinquance dans le cadre de la sécurité intérieure. La police municipale, désormais considérée comme la « matrice de la police administrative », exerce une fonction normative en application de laquelle le maire édicte une réglementation visant à prévenir les troubles à l'ordre public et une fonction matérielle consistant, pour les agents de la police municipale, à exécuter les arrêts pris par le maire agissant en tant qu'autorité de police administrative.

En outre, les collectivités territoriales disposent du droit relatif aux activités de l'esprit, notamment l'enseignement et la formation, la culture et la protection du patrimoine.

B. Typologie

On distingue en général la *décentralisation territoriale* et la *décentralisation fonctionnelle* ou *technique.*

- **La décentralisation territoriale**

Elle permet à des représentants élus (Conseil régional, Conseil général, Conseil municipal) de régler les affaires administratives. Le préfet est chargé de vérifier la légalité des décisions prises par ces autorités. Les trois conseils se partagent les charges suivantes : la gestion des lycées, de la formation professionnelle, de l'aménagement du territoire (Conseil régional) ; la gestion des transports scolaires, des collèges, des archives, de la voirie et de l'action sanitaire et sociale (Conseil général) ; la gestion des écoles primaires, de la voirie et de l'urbanisme communaux (Conseil municipal).

- **La décentralisation fonctionnelle**

C'est une technique permettant aux établissements publics à vocation spéciale comme les universités et les hôpitaux de disposer d'une certaine autonomie administrative, avec leurs propres organes de décision (conseil d'administration) et un budget autonome. La collectivité de rattachement assure néanmoins un pouvoir de contrôle.

- **La déconcentration**

La déconcentration est un système d'organisation administrative dans lequel l'État délègue des compétences aux autorités le représentant dans le cadre des circonscriptions. Il existe la déconcentration par les structures et par les relations avec l'État.

La déconcentration par les *structures* désigne les autorités déconcentrées placées à la tête de services publics déconcentrés. Elles ne sont compétentes que dans le cadre d'une circonscription. Elles agissent au nom de l'État et le représentent sur place. Le meilleur exemple est le Préfet qui est le représentant de l'État dans le département.

La déconcentration par les *relations* veut dire que les autorités déconcentrées exercent leurs compétences par délégation de l'État et agissent dans le cadre d'un pouvoir hiérarchique détenu de plein droit par l'autorité supérieure, qui peut intervenir soit pour raison d'opportunité, soit pour raison de légalité. Ce pouvoir hiérarchique s'exerce aussi bien sur les personnes (nomination, notation, discipline) que sur les actes (réformation, annulation).

C. Régime politique

L'idéal de l'indivisibilité de l'État peut déboucher, à l'instar de la Ve République en France, sur un régime *mixte*, à la fois *présidentiel* et *parlementaire*, articulé autour de trois institutions : le président de la République, le gouvernement, le Parlement.

- **Le président de la République**

Ses prérogatives à l'égard du Parlement : il peut dissoudre l'Assemblée nationale (art. 12), communique par message avec les deux assemblées (art. 18), intervient ponctuellement dans la procédure législative ordinaire par demande d'une seconde délibération (art. 10, al. 2), a la saisine du Conseil constitutionnel (art. 61, al. 2), promulgue les lois (art. 10 et 11), convoque les sessions extraordinaires (art. 30), peut prendre l'initiative d'une loi constitutionnelle (art. 89), peut soustraire le droit de vote du Parlement soit par référendum (art. 11), soit par des pouvoirs exceptionnels (art. 16).

Ses prérogatives à l'égard du gouvernement : il participe au pouvoir réglementaire : préside le Conseil des ministres (art. 9), signe les ordonnances et décrets qui y sont délibérés (art. 13), nomme le Premier ministre et accepte sa démission (art. 8, al. 2), nomme certains hauts fonctionnaires (art. 13) ; il intervient prioritairement dans la diplomatie et la défense négocie et ratifie les traités (art. 53), peut les soumettre au Conseil constitutionnel (art. 54), nomme, accrédite et reçoit les ambassadeurs (art. 14), est chef des armées (art. 15).

Ses prérogatives à l'égard d'autres organes constitutionnels : il nomme trois membres du Conseil constitutionnel (art. 58), peut lui déférer la loi (art 61, al. 2) ou un traité (art. 54). Il participe à la désignation des membres du Conseil supérieur de la magistrature, qu'il préside (art. 64, 65), et détient le droit de grâce (art. 17).

- **Le Gouvernement**

Il détermine et conduit la politique de la nation (art. 20) et le Premier ministre dirige l'action du gouvernement (art. 21).

Ses prérogatives dans l'ordre législatif : pouvoirs attribués *expressément au Premier ministre* : le Premier ministre a l'initiative des lois (art. 39), peut saisir le Conseil constitutionnel d'une loi (art. 61), décide d'engager la responsabilité de son gouvernement devant l'Assemblée nationale (art. 49), peut convoquer la Commission mixte paritaire (art. 45) et demander l'ouverture d'une session extraordinaire (art. 29), peut demander au président de la République de soumettre au Parlement un projet de révision (art. 89).

Pouvoirs attribués au gouvernement organe collégial : *pouvoir de direction dans la procédure législative* : fixation de l'ordre du jour (art. 48, alinéa 1), restriction du droit d'amendement des parlementaires (art. 44, al. 2), droit d'amendement ; *pouvoir de contrainte* : vote bloqué, question de confiance ; pouvoir de substitution : soit à son profit, en demandant au Parlement l'autorisation de prendre des ordonnances (art. 38) ou en mettant en vigueur les lois de finances/de financement de la Sécurité sociale par ordonnance (art. 47) ; soit au profit du peuple, en proposant au président de la République de soumettre un projet de loi au référendum (art. 11).

Ses prérogatives dans l'ordre exécutif : *pouvoirs de décision* : pouvoir réglementaire général (art. 21), contreseing des actes du président de la République ; pouvoir de nomination aux emplois civils et militaires, responsabilité de la Défense nationale, saisine du Conseil constitutionnel à propos d'un traité (art. 54) ; *pouvoir de proposition* : nomination/démission des ministres (art. 8) ; *pouvoir d'avis* : consulté par le président de la République avant utilisation de l'article 16 ; *pouvoirs attribués au gouvernement organe collégial* : délibération en Conseil des ministres des projets de lois et des ordonnances (art. 38, 39).

- **Le Parlement**

En termes de *procédure législative*, le Parlement est bicaméral (art. 24), mais ce *bicamérisme est inégalitaire* : l'Assemblée nationale peut avoir le dernier mot en matière législative après réunion d'une Commission mixte paritaire ; l'Assemblée nationale est saisie la première du projet de budget et dispose de 40 jours pour l'examiner tandis que le Sénat ne bénéficie que d'un délai de 20 jours ; l'Assemblée nationale seule peut demander la convocation du Parlement en session extraordinaire. Le Parlement a l'initiative des lois (art. 39) et le droit d'amendement (art. 44).

En termes de *responsabilité* : le bicamérisme est inégalitaire, car le gouvernement n'est responsable que devant l'Assemblée nationale soit lorsque le Premier ministre engage la responsabilité de son gouvernement (art. 49, al. 1), soit lorsque l'Assemblée nationale adopte une motion de censure (art. 49, al. 2).

En termes de *procédure constituante*, le bicamérisme est égalitaire puisque l'Assemblée nationale et le Sénat ont les mêmes pouvoirs, le projet ou la proposition de loi devant être voté en termes identiques par chacune des deux assemblées. Il en est ainsi des lois organiques relatives au Sénat ou à la citoyenneté et de la saisine du Conseil constitutionnel (60 députés ou 60 sénateurs peuvent lui demander d'effectuer un contrôle de constitutionnalité de la loi ou un contrôle de contrariété du traité).

Quant aux autres pouvoirs du Parlement, il y a lieu de citer : les *pouvoirs en matière constitutionnelle* : révision de la constitution ou pouvoir d'initiative, vote du Congrès (art. 89), nomination de 3 membres du Conseil constitutionnel, saisine du Conseil constitutionnel (art. 54), référendum d'initiative (art. 11) ; *pouvoir en matière de consultation* lors du recours à la dissolution (art. 12) ou aux pouvoirs de crise (art. 16) ; *pouvoirs juridictionnels* : désignation des membres de la Haute Cour de justice (art. 67) et de la Cour de Justice de la République (art. 68, al. 2), vote d'une loi d'amnistie ; *pouvoirs d'autorisation* : ratification ou approbation des traités les plus importants (art. 53), déclaration de guerre (art. 35), prolongation de l'état de siège (art. 36).

3. Le régionalisme et l'indivisibilité de l'État

A. À l'origine du régionalisme

D'abord, dans sa conception occidentale, le régionalisme est apparu au XIXe siècle, en tant que doctrine fondée sur le principe de l'existence au sein de l'État des communautés culturelles, sociologiques, économiques, correspondant aux régions et réclamant la reconnaissance politique de cette réalité.

À ce titre, le régionalisme est d'abord l'expression identitaire des nationalismes périphériques par opposition aux nationalismes inclusifs ou nationaux, tels qu'on a pu les observer en Catalogne (Espagne), au Québec (Canada), en

Écosse (Royaume-Uni), en Belgique (Flandres), en Bretagne (France), en Lombardie (Italie), etc. Les inégalités économiques, le sentiment d'oppression et d'injustice, l'insularité et l'isolement, participent également à la cristallisation du régionalisme.

Ensuite, le régionalisme a connu son heure de gloire avec la naissance des espaces d'intégration supranationaux notamment la construction européenne, associée à la Charte européenne des langues régionales et minoritaires, établie par le Conseil de l'Europe en 1992, dont le but est de préserver la diversité culturelle en Europe. De manière générale, le droit communautaire permet aux régions et provinces de disposer d'une plus grande autonomie juridique et aux minorités de pouvoir coexister sans qu'il y ait discrimination dans l'exercice de leurs religions, de leur langue ou tout autre particularisme culturel.

Enfin, du régionalisme tout court, on est passé au *régionalisme politique* en tant que doctrine visant la promotion et la protection des identités régionales au sein d'une nation et d'un État indivisible, moyennant l'octroi d'une autonomie relative, qu'elle soit économique ou politique.

Dans cette acception, la territorialisation de l'État est également un exercice régional de la souveraineté, car le *régionalisme politique* est un système de redistribution des pouvoirs de l'État vers les provinces ou les régions, à travers lequel celles-ci jouent désormais, le rôle d'échelon intermédiaire entre le pouvoir central et le pouvoir local. Dès lors, le *régionalisme politique* devient *régionalisme institutionnel* dans la mesure où nation, nationalité, citoyenneté, font corps avec l'État en tant qu'armature constitutionnel du régionalisme.

B. Le régionalisme et l'indivisibilité de l'État en France

Pour la France qui interprète d'une manière exclusive le principe de l'unité politique de l'État, il existe une *incompatibilité* avec le *régionalisme politique*, tandis que l'Espace, l'Italie, la Belgique ont une interprétation souple du principe de l'unité politique de l'État, laissant la place au régionalisme institutionnel.

Selon ces trois pays, l'unité territoriale de l'État est l'espace où s'exerce sa diversité régionale, couplant la souveraineté de l'État avec le polycentrisme normatif. De même, l'unité de la nation n'est pas incompatible avec l'expression de ses nationalités ou ethnies. Ceci permet de parler de *l'État régional ou État autonomique*, puisque l'autonomie n'est pas l'autodétermination dans la jurisprudence constitutionnelle italienne et espagnole.

C. Le régionalisme politique et l'indivisibilité de l'État en Espagne

L'Espagne est un « *État de droit social et démocratique qui proclame comme valeurs suprêmes de son ordre juridique la liberté, la justice, l'égalité et le pluralisme politique* » (constitution, art. 1, al. 1). Quant à la constitution, elle est « *fondée sur l'unité indissoluble de la nation espagnole, patrie commune et indivisible de tous les Espagnols. Elle reconnaît et garantit le droit à l'autonomie des nationalités et des régions qui la composent et la solidarité entre elles* » (constitution, art. 2).

De l'organisation territoriale de l'État espagnol, il ressort qu'il se compose de communes, de provinces et des communautés autonomes. « *Toutes ces entités jouissent d'une autonomie pour la gestion de leurs intérêts respectifs* » (art. 137). Par ailleurs, l'État garantit l'effectivité de la solidarité consacrée à l'article 2 de la constitution en veillant à « *l'établissement d'un équilibre économique approprié et juste entre les différentes parties du territoire espagnol, compte tenu tout particulièrement des circonstances propres à l'insularité. Les différences entre les statuts des diverses Communautés autonomes ne pourront impliquer, en aucun cas, des privilèges économiques ou sociaux* » (constitution, article 138), car « *Tous les Espagnols ont les mêmes droits et les mêmes obligations dans n'importe quelle partie du territoire de l'État* » (art. 139).

En application du droit à l'autonomie reconnu à l'article 2 de la constitution, « *les provinces limitrophes ayant des caractéristiques historiques, culturelles et économiques communes, les territoires insulaires et les provinces ayant une entité régionale historique pourront se gouverner eux-mêmes et se constituer en communautés autonomes, conformément aux dispositions du titre VIII et des statuts respectifs. Le droit d'initiative, en matière d'autonomie, incombe à tous les Conseils généraux intéressés ou à l'organe interinsulaire correspondant et aux deux tiers des communes dont la population représente au moins la majorité du corps électoral de chaque province ou de chaque île* » (constitution, art. 143).

Les Cortès générales pourront, par une loi organique et pour des motifs d'intérêt national, autoriser la constitution d'une communauté autonome et, s'il y a lieu, agréer un statut d'autonomie pour des territoires qui ne sont pas intégrés dans l'organisation provinciale (art. 144). On n'admettra en aucun cas la fédération de Communautés autonomes, précise l'article 145 et, dans le cadre de la constitution, les statuts seront la norme institutionnelle fondamentale de chaque Communauté autonome et l'État les reconnaîtra et les protégera comme partie intégrante de son ordre juridique (art. 147).

D. Le régionalisme politique et l'indivisibilité de l'État en Italie

L'Italie est « *une République démocratique fondée sur le travail* » (constitution, art. 1), « *une et indivisible, elle reconnaît et favorise les autonomies locales, harmonise les principes et les méthodes de sa législation avec les exigences de l'autonomie et de la décentralisation* » (art. 5).

La République est composée des Communes, des Provinces, des Métropoles, des Régions et de l'État. « *Les Communes, les Provinces, les Métropoles et les Régions sont des collectivités autonomes ayant des statuts, des pouvoirs et des fonctions qui leur sont propres, selon les principes établis par la Constitution...* » (art. 114).

Des formes et des conditions particulières d'autonomie sont attribuées, aux termes de leurs statuts spéciaux adoptés par des lois constitutionnelles, au Frioul-Vénétie Julienne, à la Sardaigne, à la Sicile, au Trentin-Haut-Adige/Sud-Tyrol et au Val d'Aoste.

Dans le respect des principes établis par l'article 119, des formes ultérieures et des conditions particulières d'autonomie peuvent être attribuées aux autres régions, par une loi nationale, à l'initiative de la Région concernée et après avis des collectivités locales… (Art. 116).

En outre, « *Le pouvoir législatif est exercé par l'État et par les Régions dans le respect de la constitution et des engagements nés de l'ordonnancement communautaire et des obligations internationales* » (article 117). L'État dispose d'une compétence législative exclusive et d'une compétence législative concurrente.

Dans les matières de compétence législative concurrente, les Régions exercent le pouvoir législatif à l'exception de la détermination des principes fondamentaux, réservée à la compétence législative de l'État.

Dans les matières de compétence législative exclusive, le pouvoir réglementaire appartient à l'État sauf délégation aux Régions. Le pouvoir réglementaire appartient aux Régions dans toute autre matière. Les organes de la Région sont : le conseil régional ou le pouvoir législatif, la commission ou le pouvoir exécutif et son président (art. 121).

Chapitre 3

Le régionalisme politique et la divisibilité de l'État ou le fédéralisme au Canada et en Belgique

Le modèle fédéral couplé avec le régionalisme institutionnel peut être illustré par le Canada et la Belgique. En effet, à la différence des États-Unis et de l'Allemagne, pays qui pratiquent un *fédéralisme symétrique*, dans lequel l'ensemble des États fédérés ont une autonomie et un statut égaux au sein de la fédération, le Canada et la Belgique pratiquent le *fédéralisme asymétrique* dans lequel les États fédérés, communautés, régions ou provinces, selon le cas, ont des niveaux d'autonomie variable dans la fédération, compte tenu de leurs poids économique, démographique, géographique, culturel, politique, etc.

En d'autres termes, le fédéralisme asymétrique permet l'existence d'ententes et d'arrangements adaptés à la spécificité de certaines entités fédérées et non pas à d'autres, alors que dans le fédéralisme symétrique ou territorial toutes les ententes s'appliquent de façon identique à travers le pays et ce sans égard pour la présence des communautés nationales qui sont à la base même de l'État.

1. La Belgique et le fédéralisme asymétrique

État unitaire depuis la constitution de 1831, la Belgique a basculé dans le fédéralisme à la suite des réformes institutionnelles de 1970 à 1993.

Chemin faisant, « *La Belgique est un État fédéral qui se compose des communautés et des régions* », énonce l'article 1 de la constitution de 1993. Placées juridiquement sur le même pied d'égalité, ces deux entités fédérées soulignent la spécificité du fédéralisme belge, né de la défragmentation de l'État unitaire, en vue de trouver des solutions aux conséquences de la rivalité Wallons/Flamands, deux peuples constitutifs de la Belgique, par-delà la réaffirmation des principes classiques d'autonomie, d'égalité et de solidarité.

Ces communautés sont de trois ordres : la Communautés française, la Communauté flamande et la Communauté germanophone, d'une part (art. 2) ; la Région wallonne, la Région flamande, la Région bruxelloise, d'autre part (art. 3), auxquelles s'ajoutent quatre régions linguistiques (art. 4). Les régions sont subdivisées en provinces et communes (art. 6). Les communautés et les régions sont dirigées par un Conseil (art. 115) et un gouvernement (art. 121).

A. Le pouvoir législatif

Le *pouvoir législatif fédéral* est exercé collectivement par le roi, la Chambre des représentants et le Sénat (art. 36), excepté en matière d'octroi des naturalisations, des lois relatives à la responsabilité civile et pénale des Ministres du Roi, des budgets et des comptes de l'État, de la fixation du contingent de l'armée, où il s'exerce collectivement par le Roi et la Chambre des représentants (art. 74). Le Parlement est exercé des compétences exclusives et des compétences concurrentes avec les Communautés et les Régions.

La *compétence législative des communautés et des régions* est exercée par un Conseil dont les mandataires sont élus pour une période de 5 ans. Elle couvre les matières de la culture et de l'enseignement (excepté la fixation du début et de la fin de l'obligation scolaire les conditions minimales pour la délivrance des diplômes le régime des pensions) ; de la coopération entre les communautés ainsi que de la coopération internationale dans les domaines susvisés (art. 127, al. 1).

Par ailleurs, il est précisé que « *Les conseils des communautés règlent par décret, chacun en ce qui le concerne, les matières personnalisables, de même qu'en ces matières, la coopération entre les communautés et la coopération internationale, y compris la conclusion de traités … Ces décrets ont force de loi respectivement dans la région de langue française et dans la région de langue néerlandaise, ainsi qu'à l'égard des institutions établies dans la région bilingue de Bruxelles-Capitale qui, en plus de leurs activités, doivent être considérées comme appartenant exclusivement à l'une ou à l'autre communauté* » (art. 127, al. 2).

En outre, les conseils des communautés française et flamande règlent par décret, à l'exclusion du législateur fédéral, l'emploi des langues pour les matières administratives, l'enseignement dans les établissements créés, subventionnés ou reconnus par les pouvoirs publics, les relations sociales entre les employeurs et leur personnel, ainsi que les actes et les documents des entreprises imposés par la loi et les règlements (art. 129, al. 1). En d'autres termes, les compétences sur les personnes incombent aux communautés et les compétences sur le territoire aux régions (aménagement du territoire, richesses naturelles, travaux publics).

Somme toute, les régions exercent la compétence législative qui leur est dévolue par la loi dans les matières bien définies, selon la constitution : « *Les lois peuvent conférer à ces organes le pouvoir de prendre des décrets ayant force de loi dans le ressort et selon le mode qu'elles établissent* » (art. 134, al. 2).

Encore faut-il préciser que la *notion de transfert de compétences* n'est pas inscrite dans la constitution belge. Elle l'est, par contre, au cœur de la jurisprudence de la Cour constitutionnelle dont le postulat est que, l'État fédéral s'étant dessaisi progressivement de certaines de ses responsabilités, les collectivités particulières les ont recueillies et les exercent.

Cette béance justifierait l'emploi du terme de dévolution dans la mesure où, en principe, « *le droit belge ne connaît pas le régime des compétences concurrentes. Il récuse, par la même occasion, l'application de la règle selon laquelle le droit fédéral prime le droit régional. La cour constitutionnelle en déduit que ce sont moins des matières précises que des politiques au sens large de l'expression, qui font l'objet d'une attribution aux collectivités fédérées* [17]», précise Francis Delpérée.

Il en découle, selon la Cour, que « *le constituant et le législateur spécial, dans la mesure où ils ne disposent pas autrement, ont attribué aux communautés et aux régions toute compétence d'édicter les règles propres dans les matières qui leur ont été transférées* ». Avec cette précision, ajoute-t-il, « *Sauf dispositions contraires, le législateur spécial a transféré aux communautés et aux régions l'ensemble de la politique relative aux matières qu'il leur a attribuées* ».

Cette dévolution est axée sur deux principes : l'exclusivité et l'exhaustivité. Outre le transfert des compétences exclusives, le second principe porte sur le transfert des compétences déterminées dont la liste établie dans la constitution ou dans la loi spéciale est limitative.

Même si, en principe, le droit belge ne connaît pas le régime des compétences concurrentes, dans la pratique, il existe un ensemble de domaines où les compétences sont partagées entre l'État et les entités fédérées (communautés et régions), notamment dans le domaine de l'économie ou des

---

[17] Francis Delpérée, *Le fédéralisme dévolutif à la lumière de l'expérience belge*, op.cit., p. 5.

relations internationales. En *relations internationales*, la compétence est dévolue au roi tandis que la *coopération internationale* relève de la compétence des communautés et des régions, y compris la conclusion des traités pour les matières qui relèvent de leurs compétences de par la constitution ou en vertu de celle-ci (art. 167).

À propos des *compétences implicites ou résiduelles*, force est de constater qu'une ambiguïté demeure sur leur attribution. En principe, l'article 35 de la constitution attribue les compétences résiduelles aux Communautés et aux Régions : « *L'autorité fédérale n'a de compétences que dans les matières que lui attribuent formellement la Constitution et les lois portées en vertu de la constitution même. Les communautés ou les régions, chacune pour ce qui la concerne, sont compétentes pour les autres matières, dans les conditions et selon les modalités fixées par la loi. Cette loi doit être adoptée à la majorité prévue à l'article 4, dernier alinéa* », à savoir la majorité des suffrages dans chaque groupe linguistique de chacune des chambres, la majorité des membres de chaque groupe, que le total des votes positifs émis dans les deux groupes linguistiques atteigne les 2/3 des suffrages exprimés (art. 4, al. 3).

Dans la pratique, cependant, le régime des compétences implicites perturbe une distribution simple des compétences fédérales et fédérées.

Qu'à cela ne tienne, « *Les communautés et les régions exercent des compétences législatives au sens plein du terme. Elles produisent des normes qui ne sont soumises à aucun contrôle si ce n'est à celui que la Cour constitutionnelle exerce de manière concomitante sur les lois fédérales et fédérées* [18]» au sens de l'art. 142, al. 2 de la constitution.

Quant à la dévolution des moyens, elle est consacrée par la loi spéciale du 16 janvier 1989, relative au financement des

[18] Francis Delpérée, *Le fédéralisme dévolutif à la lumière de l'expérience belge*, communication faite à Alessandria, 6 mai 20011.

communautés et des régions. Selon cette loi, un tiers du budget de l'État est consacré aux dépenses communautaires et régionales.

B. Le pouvoir exécutif

Le *pouvoir exécutif* est exercé aussi bien par le gouvernement fédéral (art. 96) que par les gouvernements des communautés et des régions dont les membres sont élus par leurs Conseils, conformément à la loi (art. 121, 122, 123). À l'origine, les administrations fédérées sont composées d'agents publics en provenance des ministères nationaux. Par la suite, des recrutements autonomes sont opérés dans chaque communauté et chaque région, au nom du principe selon lequel « chaque gouvernement dispose en propre d'une administration, d'institutions et de services » (art. 87, al. 1, loi spéciale de réformes institutionnelles).

Suivant la tradition *parlementaire*, en effet, le Roi n'a le droit de *dissoudre* la Chambre des représentants que si celle-ci, à la majorité absolue de ses membres, soit rejette une motion de confiance au gouvernement fédéral et ne propose pas au roi, dans un délai de trois jours, à compter du jour du rejet de la motion, la nomination d'un successeur au Premier ministre, soit adopte une motion de défiance à l'égard du gouvernement fédéral et ne propose pas simultanément au roi la nomination d'un successeur au Premier ministre. Les motions de confiance ou de défiance ne peuvent être votées qu'après un délai de 48 heures suivant le dépôt de la motion. En outre, le roi peut, en cas de démission du gouvernement fédéral, *dissoudre la Chambre des représentants* après avoir reçu son assentiment exprimé à la majorité absolue de ses membres. La dissolution de la Chambre des représentants entraîne la *dissolution du Sénat* (art. 46).

C. Le pouvoir judiciaire

Le pouvoir judiciaire est réparti entre trois juridictions classiques : la Cour constitutionnelle, la Cour de cassation et le Conseil d'État, auxquels s'ajoute la Cour d'arbitrage, chargée de la prévention et du règlement des *conflits de compétence* entre la loi, le décret et les règles visées à l'article 134, ainsi qu'entre les décrets entre eux et entre les règles visées à l'article 134 entre elles (art.141) d'une part, et des conflits d'intérêts opposant, dans l'exercice de leurs compétences respectives, l'État, les communautés, les régions et la Commission communautaire commune d'autre part (art. 143, al.). La Cour d'arbitrage peut être saisie par toute autorité que la loi désigne, par toute personne justifiant d'un intérêt ou, à titre préjudiciel, par toute juridiction. Elle statue par voie d'arrêt sur les conflits visés à l'article 141, y compris la violation par une loi, un décret ou une règle des articles de la constitution (art.142).

Somme toute, le fédéralisme asymétrique belge, selon l'expression de Francis Delpérée, « *s'exprime dans les institutions : la Communauté flamande a absorbé la Région flamande. Sur le plan de l'exercice des compétences, la Communauté française s'est dépouillée de certaines compétences au profit de la Cocof et de la Région wallonne. Et la Communauté germanophone a recueilli certaines compétences wallonnes. Certaines situations paraissent embrouillées et elles appellent des perfectionnements* [19] ».

2. Le Canada et le fédéralisme asymétrique

À l'instar de la Belgique, le Canada pratique un *fédéralisme asymétrique* qui, outre l'élaboration d'une Charte des droits et libertés de portée générale, instaure un régime singulier pour le

---

[19] Francis Delpérée, « Pour un fédéralisme asymétrique », in *Libre Belgique*, 29 mars 2011.

Québec[20] (notamment en matière d'éducation où il est exempté des obligations de l'art. 93, al. 1 à 4) et crée une catégorie spécifique des droits : « *droits des peuples autochtones du Canada* », octroyée à une catégorie spécifique de peuples : « *Indiens, Inuits, Métis du Canada* ». Ces droits nouveaux des peuples autochtones sont fondés soit sur des droits existants, soit sur des droits ancestraux, soit sur des droits issus de traités (Lois constitutionnelles de 1867 à 1982, art. 35, Partie II).

Autrement dit, l'asymétrie du fédéralisme canadien est une géopolitique de péréquation et d'inégalités régionales (le Canada se compose de dix provinces) telle qu'elle découle de l'article 36 des Lois constitutionnelles de 1867 à 1982.

En effet, sous réserve des compétences législatives du Parlement et des législatures et de leur droit à exercer, le Parlement et les législatures, ainsi que les gouvernements fédéral et provinciaux s'engagent à :
- promouvoir l'égalité des chances de tous les Canadiens dans leur recherche du bien-être ; - favoriser le développement économique pour réduire l'inégalité des chances ; - fournir à tous les Canadiens, à un niveau de qualité de service acceptable, les services publics essentiels.

Par ailleurs, le Parlement et le gouvernement du Canada prennent l'engagement de principe de faire des paiements de péréquation propres à donner aux gouvernements provinciaux des revenus suffisants pour les mettre en mesure d'assurer les services publics à un niveau de qualité et de fiscalité sensiblement comparables (Lois constitutionnelles, art. 35, Partie III).

A. Le pouvoir législatif

Le pouvoir législatif est distribué entre l'État fédéral et les provinces, chaque niveau disposant de *compétences exclusives*

---

[20] Alain G.Gagon (sous la direction), *Le fédéralisme canadien contemporain, fondements, traditions, institutions,* Presses de l'Université de Montréal, 2006.

dont la clef de répartie est définie aux articles 91 et 92 des Lois constitutionnelles, bien qu'il soit possible d'invoquer les compétences concurrentes informelles (exportation hors provinces, pensions de vieillesse, agriculture et immigration).

Le *pouvoir législatif fédéral* est exercé par la reine et le Parlement bicaméral : Chambre des communes (art. 37) et Sénat (art. 17), alors que le *pouvoir législatif provincial* incombe aux dix législatures des provinces ou territoires, composées soit d'une chambre (assemblée législative de l'Ontario) soit de deux chambres (conseil législatif de Québec ou Sénat et Assemblée législative de Québec), au sens des articles 69 et 71 des Lois constitutionnelles.

Contrairement à la constitution des États-Unis d'Amérique, qui accorde des pouvoirs résiduels aux États fédérés, la constitution canadienne crée d'un côté, une compétence fédérale large, basée sur le pouvoir de faire des lois pour la paix, l'ordre et le bon gouvernement dans toute matière ne tombant dans les catégories de sujets réservés aux provinces (art. 91), de l'autre, une large compétence provinciale sur la propriété et les droits civils (art. 92, point 13). Alors que la loi criminelle et la procédure en matière criminelle sont un champ de compétence exclusive de l'État fédéral (art. 91, point 27), l'administration de la justice, y compris en matière criminelle (art. 92, point 14) et pénale (art. 92, point 15) concernant toute loi provinciale, est de la compétence exclusive des provinces, d'où de nombreux litiges d'interprétation opposant le gouvernement fédéral et les gouvernements provinciaux ou territoriaux.

B. Le pouvoir exécutif

Le Canada est une monarchie constitutionnelle où les fonctions du chef de l'État et du chef de gouvernement sont distinctes : la première est exercée au nom de la reine par le gouverneur général et la seconde par le Premier ministre du Canada. C'est le gouverneur général qui peut convoquer, proroger ou dissoudre le Parlement. Sous la présidence du Premier ministre, le cabinet dirige le gouvernement. Néanmoins, la tâche de gouverner le pays est partagée entre le gouvernement fédéral et les gouvernements provinciaux ou territoriaux, selon la clef de répartition des compétences exclusives susmentionnées.

C. Le pouvoir judiciaire

La Cour suprême du Canada est à la fois une haute juridiction du pays et une institution hybride[21]. D'une part, elle n'est pas un Conseil constitutionnel, puisqu'elle dispose d'une juridiction générale d'appel en toutes. D'autre part, le fait qu'elle soit parfois appelée à rendre des avis consultatifs la distingue de manière assez significative de la Cour suprême des États-Unis, par exemple, qui occupe elle aussi le sommet d'une hiérarchie judiciaire nationale.

Deux rôles découlent de sa jurisprudence : arbitre ultime de l'ordre constitutionnel et interlocuteur et lieu privilégié du débat constitutionnel.

D'un côté, il y a lieu de constater que depuis la Loi constitutionnelle de 1867, les tribunaux canadiens sont constitués en arbitres des différends de nature constitutionnelle au Canada. La cour suprême du Canada n'a pas la juridiction exclusive sur ce terrain, et sauf exception, les tribunaux de droit commun entendent en première instance tous les conflits constitutionnels qui opposent le Parlement et les législatures provinciales, de même que tous les litiges d'ordre constitutionnel qui opposent un individu au gouvernement.

Le principe du constitutionnalisme et le principe de primauté du droit font en sorte que le respect de la Constitution est assuré par les tribunaux ordinaires. La Cour

---

21 Daniel Jutras, *Cahiers du Conseil constitutionnel*, n° 24, dossier Canada, juillet 2008.

suprême du Canada, entend quant à elle, les appels formulés contre les décisions de tribunaux de première instance, après un premier appel devant les juridictions d'appel intermédiaires dans les provinces ou à l'échelle fédérale. Autrement dit, la Cour suprême joue le rôle d'arbitre, car les normes constitutionnelles sont entendues comme autant des limites à l'exercice du pouvoir de l'État.

De l'autre, le rôle constitutionnel de la Cour suprême favorise son instrumentalisation, soit par les pouvoirs politiques qui s'affrontent ainsi sur un nouveau terrain, soit par la société civile en mal de réformes et de changements. D'aucuns soulignent le déclin de la volonté des élus de trancher eux-mêmes les questions sociales difficiles, et la tentation de faire jouer ce rôle par les institutions judiciaires. Par ailleurs, le contentieux constitutionnel est devenu sans doute un levier efficace pour faire avancer diverses causes sociales, politiques ou économiques. Il n'y a qu'un pas entre ce constat et la possibilité que tout pan du débat public se déplace vers des institutions judiciaires désormais prêtes à participer au débat constitutionnel, conclut Daniel Jutras.

Somme toute, l'État fédéral et l'État régionalisé ne diffèrent que par *degré* et non par *nature*, car les structures de l'État autant que les principes de son fonctionnement ne s'opposent que sur les détails.

Chapitre 4

Le régionalisme politique et la décentralisation de l'État congolais

En couplant *régionalisation* et *décentralisation de l'État*, le constituant congolais a voulu faire d'une pierre deux coups : d'une part, rejeter le fédéralisme agité à tort ou à raison comme un chiffon rouge sinon comme un épouvantail, à la lumière des pesanteurs historiques (sécessions, rébellions, guerres récurrentes, plus de 3 millions de morts, viols systématiques, zones de non-droit) et des menaces de balkanisation de la République Démocratique du Congo ; d'autre part, tirer les leçons de l'histoire (ingouvernabilité et sous-développement chroniques) et créer les conditions de la *gouvernabilité* et du *développement durable* de cet État continent.

Autrement dit, l'ambition d'éradiquer l'*ingouvernabilité* et le *sous-développement chroniques* de la République Démocratique du Congo sont à la fois le cœur et la raison du processus de régionalisation et de décentralisation de l'État congolais, par opposition au processus occidental, axé sur la promotion et la protection des droits des minorités,

et ce, d'autant que la République Démocratique du Congo, contrairement aux idées reçues depuis l'affaire des Banyamulenge (appellation galvaudée des Tutsis congolais vivant dans le massif d'Itumbwe, sur la colline de Mulenge, Province du Sud-Kivu), est par essence un État composé de plusieurs peuples ou un État de minorités. Aucun des peuples dits ethnies peuplant la République Démocratique du Congo n'exerce une hégémonie linguistique, culturelle, territoriale, politique, économique, sur d'autres, au point de menacer leur identité.

La mise en perspective de ce système politique mixte se structure autour de trois variables : une vision, une stratégie, un champ d'action.

1. Une vision : gouvernabilité et développement durable

A. La gouvernabilité

Établir un lien de cause à effet entre gouvernabilité et développement durable, c'est soutenir la thèse selon laquelle, contrairement aux idées reçues, *le chaos permanent* qui dévaste par ses métastases la République Démocratique du Congo depuis 1960, n'est pas dû à *l'immensité* ou à la *scissiparité territoriale* de cet *État continent* de 2.345.000 km², loin s'en faut.

La moindre distanciation avec les sentiments permet de constater que ce sont bel et bien l'*ingouvernabilité*, la *désorganisation* et l'*absence de l'esprit des lois* qui constituent la *vulnérabilité absolue* de la République Démocratique du Congo depuis plus de cinquante ans. Ce sont ces trois fléaux qui, de surcroît, ont valu à ce pays le sobriquet de « *géant aux pieds d'argile* ». « *Ici tout est possible, sauf l'organisation*[22] », souligne Roland Pourtier, avant de conclure : « *L'éclatement de fait d'un territoire sans véritable centralité où les régions les plus actives se situent en périphérie, loin de la capitale, elle-même excentrée, la désintégration des systèmes de transport, l'apparition de nouvelles terrae incognitae, pour reprendre l'expression de J.-C. Ruffin, ont transformé l'espace zaïrois en une sorte d'archipel désarticulé peu propice à une gestion centralisée* ».

---

[22] Roland Pourtier, « Congo-Zaïre-Congo : un itinéraire géopolitique au cœur de l'Afrique », in *Hérodote*, n° 86/87, 3e et 4e trimestre 1997, pp. 42-56.

Dès lors, reconnaître, sans tomber dans le piège du *déterminisme géographique*, que c'est la géographie (l'immensité et la scissiparité du territoire) qui commande la régionalisation et la décentralisation de l'État congolais, plus de 32 ans après le *centralisme* désuet du parti État, ne relève que du bon sens et de l'évidence.

Cette évidence exclut-elle le risque de « *balkanisation ethnocentrique*[23] », qui serait la consécration politique de l'écartèlement de l'espace congolais, se demande Jean-Claude Bruneau ?

Objectivement, la réponse à cette interrogation est oui, car selon l'esprit et la lettre de la constitution du 18 février 2006 l'enjeu de la régionalisation et de la décentralisation est la *gouvernabilité* et le *développement durable* et non l'*ethnicisation* de la République Démocratique du Congo. Et ce, d'autant plus que, même si le maillage territorial donne, une fois de plus, une visibilité aux *ethnies* en tant que *peuples* précoloniaux ou référentiel social incontesté, celles-ci se sont émancipées de l'ethnicisation en acquérant un nouveau statut, celui des « *Entités territoriales décentralisées* », pour sceller la réconciliation de l'ingénierie politique traditionnelle avec celle de la République importée de l'Occident. C'est ici qu'il sied de constater la réalisation du principe de *républicanisation du pouvoir traditionnel*[24] que nous énoncions naguère, dans l'indifférence générale de l'intelligentsia congolaise et africaniste.

Néanmoins, une nouvelle interrogation s'impose : la républicanisation du pouvoir traditionnel peut-elle mettre le *pouvoir ethnique* (chefferie et secteur) à l'abri de

---

[23] Jean-Claude Bruneau, « Les nouvelles provinces de la République Démocratique du Congo : construction territoriale et ethnicités », L'espace politique (En ligne), 30 JUIN 2009, p. 12.

[24] Mwayila Tshiyembe, *État multinational et démocratie africaine*, Paris, L'Harmattan, 2001, p. 120 et suivantes.

l'instrumentalisation par le pouvoir d'État et les forces politiques en jachère ?

Pourquoi pas ? A condition que le pouvoir d'État, à tous les échelons, et les citoyens pris ès qualités, respectent scrupuleusement la *constitution* et les lois de la République Démocratique du Congo. Car, contrairement à la légende tant répandue, ni la constitution, ni la loi n'interdisent à aucun congolais, non originaire de telle ou telle province, d'y être électeur ou éligible, à tel ou tel mandat, en tant que citoyen, s'il y réside et remplit toutes les conditions d'éligibilité prévues par la loi électorale.

De même, ni la constitution, ni la loi n'interdisent l'affectation hors de leurs provinces d'origine des agents de l'État et des Entités territoriales décentralisées, notamment le secteur et la chefferie.

Ces principes de droit ne peuvent être appliqués qu'à condition que tous les politiciens véreux ou non en mal de pouvoir, partisans ou propagateurs des idées séparatistes (autochtonie, sécession), jouant aux apprentis sorciers, au risque de saper les fondations de la République Démocratique du Congo, soient arrêtés, traînés devant les tribunaux pour subir les rigueurs de la loi, s'ils sont reconnus coupables de leurs actes.

B. Le développement durable : les provinces comme centres d'impulsion

Si l'on en croit le constituant, les provinces et entités territoriales décentralisées sont conçues désormais comme des centres d'impulsion et de développement à la base, dotés de la personnalité juridique et exerçant des compétences de proximité : « *Dans le but d'une part, de consolider l'unité nationale mise à mal par des guerres successives et, d'autre part, de créer des centres d'impulsion et de développement à la base, le constituant a structuré administrativement l'État congolais en 25 provinces plus la ville de Kinshasa, dotées de la personnalité juridique et exerçant des compétences de proximité énumérées dans la présente constitution* » (Exposé des motifs, constitution 2006).

À cette fin, force est de coupler l'espace de la démocratie régionale et locale avec l'espace du développement régional et local, en vue de donner corps et signification à la capacité collective des Congolais à se gouverner eux-mêmes à la base sociale de l'État, en tant qu'*êtres pensants, libres et responsables* de leurs actes, guidés par la raison et l'intérêt général.

En effet, la régionalisation et la décentralisation de l'État n'ont aucun sens au niveau central, provincial et local, si elles ne débouchent pas sur un *progrès économique et social*, susceptible d'enraciner dans la durée la volonté de vivre ensemble, afin de forger un destin commun.

Qui dit progrès économique et social dit développement durable. Et la *durabilité* du développement est un processus au bout duquel la *création des richesses* permet de satisfaire les besoins des *générations actuelles* et des *générations futures*, dans le respect de l'équilibre entre la mise en valeur des ressources et la protection de l'environnement.

Or, l'horizon du développement durable est celui de l'*industrialisation* du de la République Démocratique du Congo, c'est-à-dire la *transformation en produits finis* des potentialités du sol et du sous-sol aujourd'hui inexploitées ou mal exploitées, sous forme de matières premières brutes exportées sans valeur ajoutée.

Dorénavant, la capacité des provinces et des Entités territoriales décentralisées à créer des richesses est la condition sine qua non de l'*attractivité* des investissements directs étrangers et de l'émergence de la République Démocratique du Congo comme pôle de puissance régionale. À cette fin, une stratégie de développement durable doit accorder les moyens de la puissance publique à l'*entreprenariat congolais*, car ce sont les entreprises grandes, petites et moyennes (PME et PMI) qui créent les richesses, des secteurs formel et informel.

Parallèlement, la Caisse nationale de péréquation, dotée de personnalité juridique, a été créée « *pour financer des projets et programmes d'investissement public, en vue d'assurer la solidarité nationale et de corriger le déséquilibre de développement entre les provinces et entre les autres entités territoriales décentralisées* » (constitution, art.181, al. 1). À cette fin, la Caisse nationale de péréquation dispose d'un budget alimenté par le Trésor public à concurrence de 10 % de la totalité des recettes à caractère national revenant à l'État chaque année (art. 181, al. 2).

Entre également en ligne de compte des ressources des provinces et entités territoriales décentralisées l'imputation de 40 % de la part des recettes à caractère national allouées aux provinces (constitution, art. 175, al. 1). Cette allocation est en principe retenue à la source. Par ailleurs, la loi prévoit, au profit des Entités territoriales décentralisées, des ressources propres ainsi que ressources exceptionnelles (Loi organique 2008, art. 105)

2. Une stratégie : un leadership collectif ou sociétal

A. Qu'est-ce qu'un leadership ?

Le projet de *gouvernabilité* et de *développement durable* sous-tendant l'originalité de la régionalisation et de la décentralisation de l'État congolais, depuis la constitution du 18 février 2006, se mesure à l'aune de l'émergence de ce que nous appelons le « *leadership collectif, structurel, sociétal*[25] ». Quid de ce leadership collectif tripolaire ?

Du point de vue sémantique, le mot *leadership* vient de la langue anglaise. Il est composé de deux parties : d'une part le

[25] Mwayila Tshiyembe, *La politique étrangère de la République Démocratique du Congo*, Paris, L'Harmattan, 2009, pp. 123-132.

mot *leader*, qui signifie conducteur, chef, porte-parole, d'autre part le suffixe *ship*, qui exprime la fonction, la position, le *commandement*, l'hégémonie, exercés par le leader.

Sa polysémie étend le champ des significations à l'idée d'un objectif partagé, d'une relation de confiance, d'une capacité à définir, à fédérer, à mobiliser autour d'une action ou d'une légitimité, dans le but de décider, de diriger par un management créatif, charismatique voire messianique. Il peut être *individuel* ou *collectif*, définitif ou provisoire, public ou privé.

Cependant, étant donné que le chaos congolais a généré, depuis 1960, un *leadership individuel* de type *erratique*, c'est-à-dire un *leadership destructeur de la capacité collective* des Congolais à maîtriser le présent et à se projeter dans le futur, il est impérieux de focaliser l'attention des élites sur la création d'un *leadership collectif, structurel, sociétal* dont il sied de décliner les conditions de la mise en œuvre, comme *préalable* à la viabilité du *leadership individuel.*

B. Qu'est-ce qu'un leadership collectif ou sociétal ?

Par « *leadership collectif, structurel, sociétal* », il faut entendre le processus de production par la société et l'État de la *capacité* collective *faire*, de *faire faire* et d'*interdire de faire*, aussi bien aux échelles nationale et provinciale que locale.

Autrement dit, le leadership collectif est la capacité collective des Congolais à se gouverner eux-mêmes comme des êtres pensants, libres et responsables de leurs actes, guidés par l'intérêt général.

Produite par la société et l'État, elle résulte des capacités[26] *extractive* (les performances accomplies par un système politique en vue d'extraire les ressources matérielles et

---

[26] Bertrand Badie, *Le développement politique,* Paris, Economica, 3e édition, 1984, première partie (chapitre 3), pp. 43-47.

humaines nécessaires à la réalisation des buts qu'il s'est fixés), *régulatrice* (l'exercice d'un contrôle efficace et coordonné sur les individus et les groupes), *distributive* (les efforts consentis en vue de répartir, au sein de la société, les divers biens, services, honneurs et statuts disponibles), *symbolique* (l'ensemble des activités assurant la diffusion des valeurs symboliques tels les défilés, les fêtes, etc., au sein de la société et contribuant ainsi à la mobilisation d'un soutien populaire minimal, *responsable* (le degré de sensibilité du système politique ou son habilité à détecter et à satisfaire les demandes qui lui sont adressées) mises en exergue par Almond et Powell.

Cette capacité collective est une *puissance managériale* régénérée par le respect de la constitution et de la loi, des institutions, des valeurs démocratiques communément partagées, de la volonté de vivre ensemble pour bâtir un destin commun dans la loyauté et le respect de la différence. Elle est placée au cœur de la régionalisation et de la décentralisation de l'État congolais par le constituant, afin que le pouvoir soit exercé, à tous les échelons, par des hommes et des femmes ordinaires et non par des hommes et des femmes exceptionnels (soit les dieux, soit les saints).

La clef de voûte de cette puissance managériale est l'*intelligence* des Congolais dont la *mobilisation tous azimuts* peut être un vecteur d'émergence dans tous les domaines de la pratique sociale, grâce aux vertus cardinales du travail, de la création des richesses, de la solidarité, de vision commune de l'avenir, de démocratisation de la société congolaise et du développement durable.

Ainsi entendu, « le leadership collectif » est une *gouvernementalité*, c'est-à-dire une culture de la gagne, fondée sur les stratégies d'*anticipation*, d'*innovation* et de *compétitivité,* aussi bien dans la sphère privée que dans la sphère publique de l'État, des provinces et des Entités territoriales décentralisées. Le but est de mobiliser les idées et les actions des gouvernants et des gouvernés, pour obtenir la meilleure qualité de l'action publique au service de la justice sociale et du bien public.

Tel est l'horizon d'une société démocratique pensée par le constituant sous forme de « nouvel ordre politique », selon l'exposé des motifs de la constitution du 18 février 2006 : *« Depuis son indépendance, le 30 juin 1960, la République Démocratique du Congo est confrontée à des crises politiques récurrentes dont l'une des causes fondamentales est la contestation de la légitimité des institutions et de leurs animateurs. Cette contestation a pris un relief particulier avec les guerres qui ont déchiré le pays de 1996 à 2003. En vue de mettre fin à cette crise chronique de légitimité et de donner au pays toutes les chances de se reconstruire, les délégués de la classe politique et de la société civile, forces vives, réunis dans le dialogue inter-congolais (...) ont convenu de mettre en place un nouvel ordre politique, fondé sur une nouvelle constitution démocratique sur la base de laquelle le peuple congolais puisse choisir souverainement ses dirigeants, au terme d'élections libres, pluralistes, transparentes et crédibles*[27] ».

C. Pourquoi le leadership collectif est tripolaire ?

En couplant régionalisation et décentralisation de l'État congolais, le constituant n'a pas voulu mettre tous les œufs dans le même panier, tirant ainsi la leçon du despotisme obscur du MPR (Mouvement populaire de la révolution) parti-Etat. Ainsi, pour plus d'efficacité, la capacité collective des Congolais à se gouverner eux-mêmes a été redistribuée entre trois pôles : le pôle de l'État, le pôle des provinces et le pôle des entités territoriales décentralisées.

Autrement dit, cette *redistribution tripolaire* des pouvoirs vers les territoires et les peuples précoloniaux dits ethnies, à travers les blocs constitutionnels et géopolitiques de l'État, des provinces et des Entités territoriales décentralisées (villes, communes, secteurs, chefferies), est l'une des

---

[27] Exposé des motifs, constitution du 18 février 2006.

innovations majeures du processus régionalisation-décentralisation de l'État congolais.

Chemin faisant, la redistribution tripolaire des pouvoirs vers les territoires et les peuples est une des *variables dépendantes* de la gouvernabilité et du développement durable.

En amont, chaque bloc constitutionnel et géopolitique est soumis non seulement aux *principes* de *personnalité juridique*, de *libre administration*, d'*autonomie de gestion*, d'*égalité de traitement* mais qui plus est, lui correspondent des *compétences exclusives* et des *compétences concurrentes* formalisées (constitution, art. 201, 203, 204), y compris les *institutions quasi équivalentes* sauf le Sénat, c'est-à-dire un Parlement bicaméral adossé à un Gouvernement central, les Assemblées provinciales et les Gouvernements provinciaux, les Gouvernements et les Assemblées des Entités territoriales décentralisées, quelle que soit par ailleurs leur nomination officielle. Autrement dit, à travers le Sénat, les provinces participent à la décision de l'État.

En ce qui concerne l'espace public national, bien qu'il soit soumis à la souveraineté de la constitution, deux ordres s'emboîtent dans son ordonnancement juridique : la *loi* relève de la *compétence exclusive de l'état* tandis que les *Edits* sont de la *compétence exclusive des provinces* (art. 205, al. 1).

Toutefois, l'Assemblée nationale ou le Sénat peut, par une loi, habiliter une assemblée provinciale à légiférer sur des matières de la compétence exclusive du pouvoir central. Parallèlement, une Assemblée provinciale peut, par un édit (loi provinciale) habiliter le Sénat ou l'Assemblée nationale à légiférer sur des matières de la compétence exclusive de la province (art. 205, al. 2 et 3). Dans tous les cas, la *législation nationale* prime sur la *législation provinciale* (art. 205, al. 4).

En aval, il est stipulé que « *le pouvoir judiciaire est indépendant du pouvoir législatif et du pouvoir exécutif* » (art. 149, al. 1) ; il est dévolu aux Cours et tribunaux tels que la Cour constitutionnelle, la Cour de cassation, le Conseil d'État, la Haute cour militaire, les cours et tribunaux civils et militaires ainsi que les parquets rattachés à ces juridictions (art. 149, al. 2).

Outre sa mission de « *contrôle de la constitutionnalité des lois et des actes ayant force de loi* » (art. 160) et de juge du contentieux des élections présidentielles et législatives ainsi que du référendum, la Cour constitutionnelle connaît également « *des conflits de compétences entre le pouvoir exécutif et le pouvoir législatif ainsi qu'entre l'État et les provinces* » (art. 161, al. 2).

À cela s'ajoute la Cour des comptes, chargée du *contrôle* de la gestion des finances de l'État, des biens publics ainsi que les comptes des provinces, des entités territoriales décentralisées (art. 180), des finances du pouvoir central et de celles des provinces (art. 171).

D. Pourquoi le leadership collectif est néo-républicain ?

Néo-républicain, le leadership collectif créé par le constituant de 2006 est la *synthèse* du modèle de *gouvernance traditionnelle* (fondé sur la culture de la monarchie constitutionnelle telle qu'elle se dégage des chefferies et des secteurs en tant que vestiges de l'ingénierie politique des royaumes kongo, luba, lunda, kuba, pour ne citer que les plus connus) et de *gouvernance occidentale* (fondé sur la république dans laquelle l'individu/citoyen est au cœur de l'espace public, avec garantie des droits fondamentaux et des libertés individuelles, auxquels sont attachés les devoirs opposables à l'État, dont le peuple en corps est la source première du pouvoir).

Ainsi formaté, le leadership collectif est à la fois un pouvoir majoritaire, un pouvoir contrôlé, un pouvoir contesté et un pouvoir limité et précaire :

Un pouvoir majoritaire : « *Le président de la République nomme le Premier ministre au sein de la majorité parlementaire après consultation de celle-ci* » (constitution, art. 78) ;

Un pouvoir contrôlé : « *Le président de la République déclare la guerre par ordonnance délibérée en Conseil des ministres, après avis du Conseil supérieur de la défense et autorisation de l'Assemblée nationale* » (art. 86) ;

Un pouvoir contesté : « *L'opposition politique est reconnue en République Démocratique du Congo. Les droits liés à son existence, à ses activités et à sa lutte pour la conquête démocratique du pouvoir sont sacrés* » (art. 8) ;

Un pouvoir limité et précaire : « *Le président de la République est élu au suffrage universel direct pour un mandat de cinq ans renouvelable une seule fois* » (art. 70). Par ailleurs, « *la forme républicaine de l'État, le principe de suffrage universel, la forme représentative du Gouvernement, le nombre et la durée des mandats du Président de la République, l'indépendance du pouvoir judiciaire, le pluralisme politique et syndical, ne peuvent faire l'objet d'aucune révision constitutionnelle* » (art. 220).

Les provinces ainsi que les entités territoriales décentralisées jouissent des mêmes droits et devoirs, à travers les principes d'autonomie de gestion, de libre administration et d'égalité de traitement.

Le *pouvoir ethnique* est élevé au statut des Entités territoriales décentralisées, dans le but de réconcilier les traditions avec la modernité, c'est-à-dire la *républicanisation* du pouvoir traditionnel. En d'autres termes, à travers cette dernière, le constituant de 2006 a posé les jalons du *néo-républicanisme*[28], c'est-à-dire la *refondation du pacte républicain* afin de réconcilier la *modernité politique traditionnelle* avec la *modernité politique importée*, et ce en brisant la tradition républicaine

---

[28] Mwayila Tshiyembe, *État multinational et démocratie africaine. Sociologie de la renaissance politique*, Paris, L'Harmattan, 2001.

importée et longtemps attachée à la promotion d'un citoyen abstrait, arraché à ses appartenances singulières ou à ses particularismes locaux.

Tel est le sens du principe de l'*unité dans la diversité* réaffirmé par la constitution de 2006 (préambule), de la charte des droits humains, des libertés fondamentales et des devoirs du citoyen et de l'État (constitution, titre II), de la conception des provinces comme centres d'impulsion et de développement à la base (constitution et exposé des motifs) et de la répartition des compétences entre l'État et les provinces (art. 2), de la redistribution des pouvoirs de l'État non seulement vers les territoires, mais également vers les peuples précoloniaux dits ethnies, dont la représentation (chefferie, secteur) a été élevée au rang des entités territoriales décentralisées, dotées de personnalité juridique, d'autonomie de gestion, de libre administration et de ressources propres (art. 3).

E. Pourquoi le leadership collectif est néo-démocratique ?

Néo-démocratique, le leadership collectif est la *synthèse* de la *démocratie segmentaire* inventée naguère par les sociétés congolaises précoloniales (Yaka, Fuliro, Anamongo, Azandé, Pendé, etc.) qualifiées des *sociétés sans État* par l'ethnologie et l'anthropologie politique, avec la *culture* occidentale et néolibérale *de moins d'État* exprimée par le principe de l'*État subsidiaire*[29], selon l'expression de Chantal Delsol.

En effet, lié à l'idée d'autonomie, de contrat et de pouvoir de proximité, le principe de subsidiarité irradie de toute sa force la *démocratie segmentaire* au cœur de la régionalisation et de la décentralisation de l'État congolais, dans le but

---

[29] Chantal Delsol, *L'Etat subsidiaire*, Pris, Archives Karéline Editions, 2010.

d'arrimer à l'État les provinces et les entités territoriales décentralisées.

Outre l'affirmation du principe selon lequel « *Tout pouvoir émane du peuple* » et qu'aucune fraction du peuple ne peut s'en attribuer l'exercice, dont le mode normal de dévolution est l'élection au suffrage universel, égal et secret, direct ou indirect (art. 5), le pluralisme politique est consacré (article 6), l'opposition politique reconnue (art. 8), tandis que l'institution d'un parti unique est une « *infraction imprescriptible de haute trahison punie par la loi* » (art. 7, al. 2), que l'égalité de tous les Congolais devant la loi est garantie y compris le droit des Congolais à une égale protection des lois (art. 12), que la personne humaine est sacrée et que l'État a l'obligation de la respecter et de la protéger (art. 16).

F. Pourquoi le leadership collectif est néo-gouvernemental ?

Néo-gouvernemental, le leadership collectif est pensé par le constituant de 2006, au sens de la *néo-gouvernance* que nous définissons comme la *capacité de faire, de faire faire et d'interdire de faire*, afin de trouver des solutions aux problèmes saillants des sociétés en crise.

Ainsi définie, la *néo-gouvernance* se situe aux antipodes de l'idée de gouvernement en tant que mode de domination de l'homme par l'homme, soit par la force ou la ruse (Machiavel), soit par l'argent ou la fortune (Marx), soit par l'usage du monopole de la violence légitime (Weber), soit par les trois à la fois.

Selon cette acception, la *finalité* du gouvernement n'est pas la recherche du bonheur public ou de l'intérêt général. Bien au contraire, l'enjeu du pouvoir d'État est la *durée des mandatures* et son pendant, la *prédation* comme marchepied à l'achat des consciences et au clientélisme.

Dès lors, est exclue du champ d'action d'un tel pouvoir la question qui fait sens, à savoir « à quoi sert le pouvoir ? ». En effet, tenter de répondre à cette question, c'est soulever le problème d'une stratégie de création des richesses et de leur distribution équitable dans l'ensemble des couches sociales.

G. Pourquoi le leadership collectif est néo-national ?

Néo-national, le leadership collectif est, dans sa bigarrure sociologique, historique et politique, une nation nouvelle, censée réconcilier les citoyens et les peuples du Congo avec leur passé.

En droit positif congolais, en effet, il existe deux types de nationalité congolaise : la nationalité congolaise d'origine et la nationalité congolaise d'acquisition. Est *congolaise d'origine*, au sens de l'article 6 de la constitution de Luluabourg (1964) qui en fixe les termes pour la première fois depuis l'indépendance : « *Toute personne dont l'un des ascendants est ou a été membre d'une tribu ou d'une partie de tribu, établie sur le territoire du Congo avant le 18 octobre 1918* ». À quelques nuances près, l'article 10 de la constitution du 8 février 2006 se situe dans la continuité : « *Est congolaise d'origine toute personne appartenant aux groupes ethniques dont les personnes et les territoires constituaient ce qui est devenu le Congo (présentement la RDC) à l'indépendance* ».

Dans cette reformulation, la quintessence de l'ouverture de la nationalité congolaise d'origine au monde disparaît avec le bout de phrase « *une partie de tribu* », à travers lequel le constituant de 1964 rendait compte de la balkanisation des territoires et des peuples d'Afrique en colonies des puissances européennes, entérinée par la conférence de Berlin (1885).

Quant à la nationalité congolaise d'acquisition individuelle, elle s'acquiert par effet de naturalisation, d'option, de mariage, de naissance ou de résidence.

Par ce biais, la nationalité congolaise d'origine, comme la nationalité congolaise d'acquisition est ouverte au monde, alors qu'elle est fondée sur l'appartenance ethnique. En effet, aussi paradoxal que cela puisse paraître, le constituant entendait laisser l'opportunité à ces peuples divisés, soit de faire un choix individuel de retour à la mère patrie, soit d'opter individuellement pour la double nationalité.

Partant de cette singularité, il y a lieu de postuler que le leadership collectif national, instauré par la constitution du 18 février 2006 est une conception de la nation congolaise moderne, en tant que « *communauté des citoyens et des peuples dits ethnies, exprimant la volonté de vivre ensemble pour bâtir un destin commun, dans la loyauté et le respect de la différence*[30] ».

3. Le champ d'action politique

Par champ d'action politique, il faut entendre l'organisation de l'espace politique au sein duquel se nouent les interactions caractérisées par l'exercice du pouvoir et qui est orientée vers la transformation de l'un ou l'autre des paramètres constitutifs d'un système politique.

C'est également un espace politique où s'organisent les relations de pouvoir et de domination, par le bais des principes sacro-saints tels que la personnalité juridique, la libre administration, l'autonomie de gestion et l'égalité de traitement (constitution 2006, art. 1, 3), qui donnent corps et signification à la gouvernabilité des provinces et des Entités territoriales décentralisées.

A. La personnalité juridique

La personnalité juridique est la capacité d'être titulaire de droits et d'obligations, qu'elle soit attachée à une personne

---

[30] Mwayila Tshiyembe, *Refondation de la nation et nationalité en République Démocratique du Congo*, Paris, L'Harmattan, 2007.

morale ou à une personne physique. En d'autres termes, le droit à la personnalité physique et le droit à la personnalité morale traduisent la nécessité du mécanisme qui permet d'imputer des droits et des obligations qui servent le jeu des sujets de droits. La personnalité juridique donne au bénéficiaire de la protection objective des droits l'outil indispensable pour exercer ses prérogatives. C'est pour cette raison que la notion de personnalité juridique entretient des relations fortes avec celle de statut ou d'état-civil.

Tel est le substrat de l'article 3 de la constitution, lorsqu'il stipule que « *Les provinces et les entités territoriales décentralisées de la République Démocratique du Congo sont dotées de la personnalité juridique et sont gérées par les organes locaux* ». Il s'entend, dès lors, que ces collectivités territoriales sont des personnes morales de droit public, pouvant ester en justice, signer des contrats, demander et obtenir des réparations pour un préjudice subi, etc.

B. La libre administration

La libre administration concilie le *principe de liberté* et de *responsabilité* avec les exigences d'*efficacité* et de *compétitivité* que la nouvelle gouvernance et la durabilité du développement imposent à l'État, aux provinces ainsi qu'aux entités territoriales décentralisées. Abordés sous cet angle, les enjeux de la libre administration sont de trois ordres : la *démocratie locale*, la *coopération* entre les trois blocs constitutionnels, la *solidarité* au-delà de l'autonomie de gestion et de la coopération.

- **La démocratie locale**

La démocratie locale ressortit de l'idée d'une symbiose sinon d'une identité entre la gouvernance locale (entités territoriales décentralisées), la gouvernance provinciale et la gouvernance nationale.

La démocratie locale, selon la constitution de 2006, est matérialisée par l'institutionnalisation des compétences et des garanties juridictionnelles dévolues aussi bien aux organes délibérants qu'aux organes exécutifs de la ville, de la commune, du secteur et de la chefferie, dont l'*élection au suffrage universel direct* est la règle, la *désignation* l'exception (niveau de participation et d'exercice de pouvoir, de légitimité démocratique, démocratie directe et indirecte).

Il suffit, pour s'en convaincre, de rappeler à titre d'illustration que les membres de l'Assemblée du Secteur ou de la Chefferie (Conseil de Secteur ou de Chefferie) sont élus au suffrage universel direct et secret dans les conditions fixées par la loi (art. 70 al. 3, Loi organique 2008). Le Gouvernement du secteur ou de la Chefferie (Collège exécutif) est composé du Chef de secteur ou du Chef de la Chefferie, assistés de deux ou trois échevins désignés par eux. « La désignation des échevins tient compte des critères de compétence, de crédibilité et de représentativité communautaire et elle est soumise à l'approbation du Conseil de Secteur ou de la Chefferie » (art. 79, Loi organique, 2008). Le Chef de Secteur et le Chef de Secteur adjoint sont élus au sein ou en dehors du Conseil de Secteur dans les conditions fixées par la loi électorale (art. 80, Loi organique).

Quant au Chef de la Chefferie, *« il ne répond pas de ses actes devant le Conseil de chefferie. Aucun de ses actes ne peut produire d'effet, s'il n'est contresigné par un échevin qui, par cela, s'en rend responsable devant le Conseil de la chefferie* » (art. 82, Loi organique, 2008). C'est l'application, dans ce cas précis, du «*principe d'irresponsabilité politique*» consacré naguère par la monarchie constitutionnelle et selon lequel le roi règne mais ne gouverne pas.

- La coopération entre les blocs constitutionnels

La coopération entre le bloc constitutionnel de l'État et le bloc constitutionnel des provinces est établie explicitement ou implicitement par la liste des matières relevant de « *la compétence concurrente* » du pouvoir central et des provinces, telles que la sûreté intérieure, l'exécution des mesures concernant la police des étrangers, l'administration des cours et tribunaux, la presse, la radio, la télévision, l'industrie cinématographique, l'initiative des projets, programmes et accords de coopération économique, culturelle, scientifique et sociale internationale (constitution, art. 203).

En outre, l'Assemblée provinciale peut légiférer sur les matières de compétence exclusive de l'État et vice-versa pour le Parlement national, moyennant habilitation par un édit ou par une loi (constitution, art. 205, al. 2). Parallèlement, la *conférence des gouverneurs* de provinces présidée par le Président de la République pourrait être l'espace de coordination stratégique, car sa mission est « *d'émettre des avis et de formuler des suggestions sur la politique à mener et sur la législation à édicter par la République* » (constitution, art. 200, al. 2).

Par ailleurs, il est stipulé que « *deux ou plusieurs provinces peuvent, d'un commun accord, créer un cadre d'harmonisation et de coordination de leurs politiques respectives et gérer en commun certains services dont les attributions portent sur les matières relevant de leurs compétences* » (constitution, art. 199).

Quant à la coopération entre les Entités territoriales décentralisées l'État et la province, elle est implicite, faute d'attribution par le législateur des compétences exclusives et des compétences concurrentes entre ces trois blocs constitutionnels, dans le respect de l'esprit du constituant.

En dépit de cette béance, il y a lieu de noter que les autorités exécutives locales ou les gouvernements locaux représentent bel et bien l'État et la province dans leurs juridictions respectives. Elles assument, à ce titre, la responsabilité du bon fonctionnement des services de l'État et des services provinciaux et assurent la bonne marche de leurs administrations respectives... Elles coordonnent et supervisent, dans leurs entités respectives, les services qui relèvent de l'autorité de l'État ou de la province (Loi organique, art. 93 et 94).

Le gouverneur de province exerce la tutelle sur les actes des entités territoriales décentralisées, a priori ou a posteriori (Loi organique, art. 95 et 96). Le gouverneur de province organise au moins une fois l'an une réunion avec les chefs des exécutifs locaux en vue de leur permettre de se concerter et d'harmoniser leurs points de vue sur les matières relevant de leurs attributions (Loi organique, art. 101).

Pour l'exécution des travaux d'intérêt local, l'autorité locale peut réquisitionner, conformément à la loi, les services des organismes de l'État ou de la province installés sur le territoire qui est de son ressort (Loi organique, art. 103).

- **La solidarité**

En ce qui concerne ressources provenant des recettes à caractère national, les Entités territoriales décentralisées ont droit à 40 % des recettes à caractère national allouées aux provinces. Par ailleurs, une entité territoriale décentralisée peut bénéficier de ressources provenant de la Caisse nationale de péréquation (Loi organique, art. 115 et 117).

C. L'égalité de traitement

Sortie tout droit du droit social, l'égalité de traitement est un principe selon lequel chaque individu doit être traité de manière identique par rapport à un autre, dans une situation identique. Il s'agit de l'interdiction de toute discrimination (inégalité fondée sur un critère prohibé par la loi dans un domaine spécifique) en matière d'emploi ou de rémunération, de logement, de services publics, d'éducation, etc.

Par analogie, le principe d'égalité de traitement est employé ici pour qualifier la situation objective, c'est-à-dire selon la loi, des personnes morales de droit public, à savoir les provinces et les entités territoriales décentralisées, de jouir de mêmes droits et de mêmes obligations dans la constitution de 2006, et ce pour souligner la différence prévalant entre les collectivités territoriales dans un système fédéral asymétrique (Canada, Belgique) ou dans un système régional autonomique (Italie, Espagne).

D. L'autonomie de gestion

Dans l'esprit du constituant, l'autonomie de gestion dont il est question ne veut pas dire l'*indépendance* des provinces ou des entités territoriales décentralisées : « *La constitution du 18 février 2006 proclame le caractère uni et indivisible de la République Démocratique du Congo. Elle institue deux échelons d'exercice du pouvoir d'État : le pouvoir central et la province à l'intérieur de laquelle se meuvent les entités territoriales décentralisées qui sont la ville, la commune, le secteur et la chefferie ainsi que d'autres circonscription administratives* » (Exposé des motifs, Loi organique, 2008)

Pour le constituant, l'autonomie de gestion est, d'une part, une *exigence démocratique*[31] qui veut que le pouvoir soit plus près du citoyen, ses responsables facilement identifiables, ses résultats régulièrement évalués et sanctionnés, d'autre part, une *exigence d'efficacité économique et de responsabilité.* En effet, le développement des provinces et des entités territoriales décentralisées dépendra beaucoup de l'investissement personnel des acteurs publics responsables et de la mobilisation des ressources humaines et naturelles disponibles. Parallèlement, la responsabilité des gouvernants autant que celle des gouvernés doit être assumée, le cas échéant, devant les juridictions.

---

[31] Alain Ménéménis, « Trois questions sur l'avenir de l'autonomie locale » in *Quel avenir pour l'autonomie des collectivités locales ?* Éditions de l'aube/SEGPB, 1999, pp. 17- 27.

L'autonomie de gestion des entités territoriales décentralisées se nourrit du sentiment d'appartenance à des groupes humains dont le vouloir-vivre collectif résulte de l'expérience concrète d'un développement partagé. En d'autres termes, le principe d'autonomie de gestion participe également à la dynamique de la bonne gouvernance.

À ce titre, le principe de l'autonomie gestion soulève des questions et suscite des réponses nouvelles qui ne sont pas souvent à l'ordre du jour, à savoir : de quelle autonomie de gestion les Entités territoriales décentralisées ont-elles besoin pour créer les conditions d'une démocratie locale ? (Nécessité de contrôle, de transparence, de participation, d'évaluation). De quelle autonomie de gestion les Entités territoriales décentralisées ont-elles besoin en vue d'accroître leur efficacité économique et sociale ou le développement durable ? (Développement équilibré et durable, création des richesses par le travail, lutte contre la pauvreté et l'exclusion, compétition entre les Entités territoriales décentralisées dans le but de stimuler l'esprit de la gagne par des partenariats stratégiques et des services publics adaptés au besoin des habitants). De quelle autonomie de gestion les Entités territoriales décentralisées ont-elles besoin pour créer un nouveau lien social et solidaire entre les territoires ? (Aspects financiers notamment la péréquation des ressources nationales de l'État au profit des provinces et Entités territoriales décentralisées moins nanties, création de nouvelles infrastructures en vue d'améliorer la compétition économique et sociale).

Les lois organiques portant principes fondamentaux relatifs à la libre administration des provinces composition, organisation et fonctionnement des entités territoriales décentralisées et leurs rapports avec l'État et les provinces, confirment la validité de ces principes à travers l'indépendance des organes, la nature des prérogatives juridiques, la définition des activités susceptibles d'être déployées par les provinces et les Entités territoriales décentralisées et le pouvoir d'autorégulation, le budget propre et les ressources propres, etc.

C'est à l'aune de l'effectivité de la décentralisation, en panne depuis plus de 5 ans, que l'on saura évaluer la capacité des Entités territoriales décentralisées à ancrer la République Démocratique du Congo dans une société autonome et donc démocratique, peuplée d'individus autonomes.

Selon Cornelius Castoriadis, « *une société autonome ne peut être fondée que par des individus autonomes. Et des individus autonomes ne peuvent vraiment exister que dans une société autonome (…) Un individu autonome, c'est un individu qui n'agit, autant que c'est possible, qu'après réflexion et délibération. S'il n'agit pas comme cela, il ne peut pas être un individu démocratique, appartenant à une société démocratique*[32] ».

4. Les défis à relever

Par défis, il faut entendre une gamme des *vulnérabilités* absolues ou relatives handicapant la marche en avant d'un État, d'une société, d'une entreprise, etc. Dès lors, éradiquer ces handicaps, est un impératif absolu pour tout État, toute société ou toute entreprise qui veut créer les conditions du progrès.

A. Création d'une fonction publique provinciale et locale

Certes, la personnalité juridique, la libre administration, l'autonomie de gestion et l'égalité de traitement sont des principes sacro-saints de la régionalisation et de la décentralisation de l'État congolais. Néanmoins, ils ne pourront donner sens à la nouvelle gouvernance provinciale

---

[32] Cornelius Castoriadis, « A société autonome, individus autonomes », in *Manière de voir* (*Le Monde Diplomatique*), n°112 ? Août-septembre 2010.

et locale que si celle-ci s'appuie sur une fonction publique provinciale et locale (constitution, art. 2004, point 3), *apolitique, neutre et impartiale* selon la constitution (art. 193, al. 1). Et pour cause.

La fonction publique, qu'elle soit nationale, provinciale ou locale, est la colonne vertébrale de l'État. Sans une fonction publique, il n'y a pas d'État qui vaille. Or, l'inexistence d'une fonction publique digne de ce nom en République Démocratique du Congo est la cause principale de la *désorganisation* et de l'*absence de l'esprit des lois*, deux fléaux qui minent le système politique congolais, et ce depuis les premiers jours de la décolonisation.

Rappelons, s'il en est besoin, qu'à la suite d'une décolonisation bâclée par la Belgique, au nom du principe selon lequel «*pas d'élite, pas de problème*[33] », le Congo belge a accédé à l'indépendance, dépourvu d'une fonction publique et d'une culture administrative. Non seulement l'exode massif et précipité de l'encadrement administratif belge, lié à la mutinerie de la Force publique (5 juillet 1960) et à la session du Katanga (11 juillet 1960), a privé le nouvel État de ses fonctionnaires, mais qui plus est, la chape de plomb de la dictature du parti État de Mobutu a achevé durant trente-deux ans de décapiter l'embryon de fonction publique en gestation, à cause du militantisme partisan et de la suprématie du parti unique sur l'État, en tant que critères de recrutement et de promotion des carrières.

C'est pour tourner la page noire de cette pseudo-fonction publique pléthorique, mal rémunérée, inefficace et inefficiente, incompétente, que le constituant de 2006 a décidé de changer son fusil d'épaule.

Dans cette perspective, une fonction publique régionale et locale impartiale signifie que les fonctionnaires relèvent les

---

33 Mwayila Tshiyembe, *Politique étrangère de la République Démocratique du Congo,* Paris, L'Harmattan, 2009, pp. 69-71.

défis à long terme, en recourant à des moyens non partisans, pour réaliser des objectifs non partisans, en fournissant des conseils dans les domaines politique, économique, social, culturel, technique, etc., en administrant les programmes publics qui leur sont confiés. C'est à ce prix que les autorités démocratiques provinciales et locales successives (Assemblées et gouvernements) pourront être sûres que la fonction publique leur fournira l'appui dont elles ont besoin pour remplir leurs fonctions et leurs mandats, au service de l'intérêt général.

Outre le vieillissement des agents de l'État à tous les niveaux, le coût des retraites et son poids sur le budget de l'État, le licenciement des « *fonctionnaires fictifs* » en débat, selon le credo du FMI et de la Banque mondiale, heure a sonné de fonder une fonction publique provinciale et locale l'efficace, au service de la société et de l'économie. À cette fin, une stratégie globale de la fonction publique est nécessaire, pour définir : -

Le *profil* du fonctionnaire congolais de demain (quelle compétence est exigée de l'agent public ? Quel mode d'évaluation et de promotion par mérite ?)

Les *missions* du fonctionnaire (qu'est-ce que l'État, les provinces et les entités territoriales décentralisées attendent de l'agent public ?)

Le *coût* du fonctionnaire (grille de salaire, conditions de travail, de logement et de transport de l'agent public ?)

Le *mode* de *recrutement* du fonctionnaire (par concours ou sur dossier ? Quels sont les critères objectifs de ce choix ?)

La *rentabilité* du fonctionnaire (quels sont les moyens mis à la disposition du fonctionnaire pour un meilleur service public ?)

Le Statut juridique du fonctionnaire (quel est le statut de la fonction publique nationale, provinciale et locale ? Quels sont les mécanismes de transfert des fonctionnaires de l'État vers les services publics des provinces et des entités territoriales décentralisées ?)

Un code de déontologie (les règles impératives du code de conduite de l'agent public de l'État, édictées par le décret-loi 017-2002 du 3 octobre 2002, doivent être étendues à l'agent public des provinces et des entités territoriales décentralisées)

Somme toute, la création ex nihilo d'une fonction publique provinciale et locale est la condition sine qua non de voir la République Démocratique accéder au double statut de l'État savant et de l'État manager. En effet, gouverner, c'est prévoir. Prévoir, c'est savoir. Or le savoir est une production sociale qui a un coût et exige une juste rémunération, d'où la nécessité d'une *alliance* entre le *pouvoir* et le *savoir*, sous-tendant le management efficient et efficace des affaires publiques nationales, provinciales et locales.

Pour ce faire, s'impose au Gouvernement et au Parlement de la République l'urgence d'adopter une *loi* définissant les *statuts* des agents et fonctionnaires des services publics de l'État, des provinces et des entités territoriales décentralisées, une *loi organique* fixant l'organisation et le fonctionnement des services publics de l'État, des provinces et des entités territoriales décentralisées.

- Proposition : **création d'un service civique de l'État et d'une École nationale d'administration**

D'abord, un *Service civique national* (SCN) doit être créé pour mobiliser la jeunesse universitaire congolaise diplômée mais au chômage (science politique, droit, relations internationales, économie et gestion, instituts techniques et professionnels, médecine, etc.), pour une période de deux ans, avec possibilité d'offrir une carrière de fonctionnaire à la sortie aux candidats qui le désirent, choisis par mérite et sur concours, à partir des critères objectifs (compétence), afin de constituer une masse critique de savoirs et savoir-faire, au profit de l'État, des provinces et des entités territoriales décentralisées. Voilà une piste pour s'attaquer au chômage de masse frappant les jeunes diplômés sortis des universités congolaises.

Ensuite, à cette fin, il incombe à l'État de créer l'*Ecole nationale d'administration* en tant qu'outil d'appui, soit à la formation permanente, soit à la formation d'appoint, soit à la formation spécialisée, soit au recyclage des candidats ainsi sélectionnés.

B. Garantir l'effectivité des ressources financières affectées aux provinces et entités territoriales décentralisées

Sans affectation de ressources financières aux provinces ainsi qu'aux entités territoriales décentralisées, il n'y a point d'effectivité de la régionalisation et de la décentralisation de l'État congolais.

Conscient de cette réalité, le constituant de 2006 a, pour la première fois, inscrit dans la constitution le principe selon lequel « *La part des recettes à caractère national allouées aux provinces est établie à 40 %. Elle est retenue à la source* » (art. 175, al. 2). En outre, « *La loi fixe la nomenclature des recettes locales et la modalité de leur répartition aux provinces* » (art. 175, al. 3)

Cependant, plus de cinq ans après la première mandature du gouvernement de la IIIe République, ce principe est resté lettre morte.

- **Proposition : Effectivité de 40 % de recettes à caractère national allouées aux provinces et de 10 % de la totalité des recettes à caractère national affectés à la Caisse nationale de péréquation.**

L'honneur autant que la crédibilité d'un pouvoir d'Etat réside dans sa capacité à respecter et à faire respecter sa propre constitution et ses propres lois.

En effet, même si comparaison n'est pas raison, il n'est pas sans intérêt de souligner qu'au moment où, par traité, la règle d'or s'est imposée aux pays membres de la zone euro d'éviter un déficit budgétaire supérieur à 3 % de la richesse nationale, il est difficile de comprendre pourquoi un État qui a eu l'intelligence d'inscrire dans la constitution une clef de répartition des ressources financières en vue de viabiliser les provinces, décrétées « *centres d'impulsion et de développement à la base* » (Constitution, Exposé des motifs) ne la respecte pas.

Nul ne sait pourquoi le gouvernement de la République a oublié durant 5 ans, le sage dicton populaire selon lequel, « Qui veut la fin veut les moyens », auquel avait souscrit le constituant de 2006. Étant donné que « Qui peut le plus peut le moins », il n'est jamais trop tard pour mieux faire.

Dans cet ordre d'idées, respecter l'esprit et la lettre de l'article 175 de la constitution est un *devoir sacré* du gouvernement de la République Démocratique du Congo. Il en est de même de l'adoption par le Parlement congolais d'une *loi organique* portant organisation et fonctionnement de la Caisse nationale de péréquation, et d'une *loi* portant nomenclature des *recettes propres* des provinces et des entités territoriales décentralisées ainsi que des modalités de leur répartition.

C. Installation automatique et sans conditions de nouvelles provinces

Tirant la leçon de la pratique institutionnelle de près d'un demi-siècle après l'indépendance du Congo belge, au cours de laquelle les manœuvres dilatoires des Gouvernements et des Parlements ont débouché sur l'absence de l'esprit des lois, le constituant de 2006 a décidé d'inscrire dans la constitution, un délai impératif pour l'installation de nouvelles provinces. C'est ainsi que l'article 226, alinéa 1, stipulait que : « *Les dispositions de l'alinéa premier de l'article 2 de la présente constitution entreront en vigueur dans les trente-six mois qui suivront l'installation effective des institutions politiques prévues par la présente constitution* ».

Une fois de plus, le Gouvernement et le Parlement de la République n'ont pas été au rendez-vous de l'histoire, pour avoir ignoré que le processus de régionalisation et de décentralisation de l'État congolais est le chantier du siècle, depuis la création de l'État indépendant du Congo (1885) par la conférence de Berlin.

À n'en point douter, ce malentendu est au centre d'intérêt de la réforme constitutionnelle du 20 janvier 2011 (loi n° 11/002) par laquelle la compétence de fixer les modalités d'installation de nouvelles provinces a été arrachée à la constitution et transférée à la loi.

Qu'à cela ne tienne : nul n'a le droit de se tromper deux fois. Par conséquent, le Gouvernement et le Parlement de la République ont le devoir sacré d'initier, dans l'urgence, la *loi* portant *programmation et installation* de nouvelles provinces.

À cette fin, aucune *conditionnalité* (équipements, population, ressources, etc.) ne doit être posée à l'installation de nouvelles provinces, sauf à vouloir violer l'esprit et la lettre de la constitution, sous le prétexte fallacieux du *gradualisme.* En effet, le principe de gradualisme ne peut être invoqué à tort et à travers sans compromission. Son usage doit être strictement limité à l'idée de concevoir une phase préparatoire au cours de laquelle un ensemble de mécanismes, de procédures, de textes de lois et de réformes divers seront mis en œuvre, selon un timing bien déterminé, à l'instar de 36 mois suivant l'installation des institutions, selon l'article 226 de la constitution.

Dans ce même ordre d'idées, une *loi organique* fixant les *limites* des provinces et de la ville de Kinshasa doit être initiée par le Gouvernement et le Parlement. Concernant les limites des provinces, les districts doivent servir de cadre géographique, en attendant d'y apporter des correctifs s'il y a lieu.

Autrement dit, le transfert des compétences et des ressources vers les provinces et les entités territoriales décentralisées a pour objet de mettre à la disposition des institutions et des élus les moyens de créer des richesses et d'établir des infrastructures dans la durée.

L'exemple le plus opérationnel est celui d'un championnat de football. En effet, quelle que soit l'inégalité des forces entre les clubs de la Fédération congolaise de football association (FECOFA) édition 2010, à savoir : TP Mazembe, VS Tshinkunku, SM Sanga Balende, FC Lupopo, AS Vita Club, DC Motema Pembe, DC Virunga, AS Veti Club, TP Molunge, TS Malekesa, AS Vutuka, OC Muungano, etc.), le principe *d'égalité de chances* prévaut pour chacun d'eux. Les matchs commencent, se déroulent et terminent à la même heure selon les règles établies et les arbitres veillent au grain. C'est aux entraîneurs qu'incombe sa charge de pallier les carences de leurs équipes, en remplaçant tel ou tel joueur, à la défense ou à l'attaque, s'il y a lieu, tant et si bien que c'est à la fin du match que l'on connaît le vainqueur et le vaincu, et pas avant, car c'est au pied du mur qu'on voit le maçon.

Le sport, le football en l'occurrence, illustre à merveille l'esprit de combat, de compétition et de jeu où le hasard est partie prenante, préfigurant l'arène où les 25 provinces et la ville de Kinshasa mèneront une compétition pour la *gouvernance* et le *développement*, dans les domaines politique, économique, social, culturel, industriel, etc., à l'épreuve de laquelle la régionalisation et la décentralisation de l'État congolais révéleront leurs atouts et leurs vulnérabilités.

Dès lors, les provinces et les entités territoriales décentralisées les moins nanties bénéficieront de la solidarité nationale dans les proportions prévues par la loi, à savoir les

10 % de la Caisse nationale de péréquation et les 40 % des recettes des provinces.

D'une manière concomitante, l'installation inconditionnelle de toutes les provinces prévues par la constitution doit être accompagnée d'un mouvement de transfert du patrimoine correspondant.

D. Mettre le pouvoir traditionnel à l'abri de l'instrumentalisation et du clientélisme

En accordant au *pouvoir traditionnel* le statut politique d'*entités territoriales décentralisées* (secteur ou chefferie), ce qui est une première dans les annales politiques africaines, le constituant congolais de 2006 l'a extirpé des fourches caudines de la dérision, du sarcasme et de l'injure, qui sont des barbaries.

Toutefois, la mise en œuvre de ce *principe de républicanisation du pouvoir traditionnel* que nous énoncions naguère ne sera pleine et entière que le jour où seront supprimées les conditions d'instrumentalisation et de clientélisation de ce pouvoir traditionnel.

- **Proposition : interdire au chef coutumier l'exercice d'un mandat public électif ou cooptatif, y compris le droit de créer ou d'adhérer à un parti politique**

Ici comme ailleurs, le Gouvernement et le Parlement de la République doivent prendre à bras-le-corps les menaces pesant sur l'avenir de la Chefferie en tant qu'entité territoriale décentralisée. À cette fin, le devoir sacré de ces deux institutions est d'initier en urgence une loi portant révision de certains articles de la constitution, notamment les articles 207, 197 et 6, interdisant au chef coutumier d'exercer un mandat public, soit par élection, soit par cooptation d'une part, de créer ou d'adhérer, ès qualités, à un parti politique, d'autre part.

En effet, qu'adviendrait-il demain de la sérénité des élections ou de l'exercice du droit d'opinion par les citoyens électeurs ou candidats à un mandat local, provincial ou national, membres des partis de l'opposition ou de la majorité, si le chef de la chefferie était leader d'un parti politique en compétition ou partisan de tel ou tel parti politique, et appelait les populations de sa contrée à voter en faveur de tel candidat ou de tel parti politique ?

La *neutralité politique* du chef traditionnel tant souhaitée ne peut être obtenue et garantie en droit qu'à deux conditions : d'une part, ladite révision constitutionnelle doit être accompagnée d'une *dotation* ou d'une *rémunération forfaitaire* mensualisée et budgétisée par l'État en faveur du chef coutumier, afin de mettre le pouvoir traditionnel à l'abri du besoin et d'éviter ainsi son instrumentalisation et sa clientélisation, par le pouvoir de l'argent, de l'autre, elle doit définir le *statut* du chef coutumier.

Somme toute, le Gouvernement de la République a le devoir d'appliquer scrupuleusement le *Plan d'opérationnalisation*[34] assorti d'un chronogramme articulé autour de trois séquences : - les lois organiques et les lois prioritaires à faire voter avant la fin 2012 ; - les lois organiques et lois prioritaires à faire voter avant la fin 2013 ; - les projets des décrets et arrêtés portant mesures d'application des lois promulguées entre la fin 2012 et la fin 2013.

E. Nécessité d'adopter des lois cadres pour les secteurs décentralisés

Quand on sait le rôle capital des secteurs susmentionnés dans le développement durable des provinces et entités territoriales décentralisées, on prend la mesure de l'urgence

---

[34] Ministère de l'Intérieur, de Sécurité, de Décentralisation et des Affaires coutumières, « Rapport général de l'Atelier national de validation de la stratégie de transfert des compétences et des ressources aux provinces et entités territoriales décentralisées », du 16 au 18 juillet 2012, texte inédit.

qui s'impose au Gouvernement et au Parlement d'initier les *lois cadres* sur l'agriculture, la santé, le développement rural, l'enseignement primaire, secondaire et professionnel, le principe de subsidiarité faisant foi.

F. Soumettre l'élection du gouverneur de province au suffrage universel direct et secret

Autant que l'Assemblée provinciale, le Gouvernent provincial est l'institution (article 195) par laquelle les provinces décident de leur propre destin, à travers un cabinet ministériel dont *« le Gouverneur et le Vice-Gouverneur, élus pour un mandat de cinq ans renouvelable une seule fois, par les députés provinciaux au sein ou en dehors de l'Assemblée provinciale, sont investis par ordonnance du Président de la République »* (art. 198, al. 2).

Tirant les conséquences des irrégularités ayant entaché l'élection des gouverneurs, d'une part, de la demande sociale de légitimité populaire destinée à redorer le blason terni de la gouvernance régionale, d'autre part, force est de proposer la révision constitutionnelle de l'art. 198, al. 2, afin que *l'élection du Gouverneur et du Vice-Gouverneur soit soumise au suffrage universel direct et secret*, sous le modèle du ticket président et vice-président.

En effet, réduisant le corps électoral du Gouverneur et de son adjoint à la portion congrue de quelques députés provinciaux que les intrigues partisanes, le clientélisme, le tribalisme et la corruption peuvent emporter avec une déconcertante désinvolture, le constituant de 2006 n'avait pas pris la mesure de l'esprit de lucre tétanisant le microcosme politique congolais, aussi bien sur le plan national que régional.

Ces tripatouillages sont la cause principale de la valse des étiquettes des gouverneurs élus lors de la première mandature (2006-20011) et dont l'instabilité à la tête des provinces a directement ou indirectement inspiré la révision constitutionnelle du 20 janvier 2011, modifiant les articles 197 et 198, et reconnaissant au Président de la République le pouvoir de relever de ses fonctions le gouverneur d'une province ou de dissoudre une assemblée provinciale « *lorsqu'une crise politique grave et persistante menace d'interrompre le fonctionnement régulier des institutions provinciales* », après concertation avec les bureaux de l'Assemblée nationale et du Sénat.

Il en résulte que cette révision constitutionnelle n'est qu'un pis-aller, sinon une fuite en avant qui, au lieu d'éradiquer la cause principale de la crise, s'est limitée à ses aspects cosmétiques. En effet, ce remède de cheval est pire que le mal qu'il était censé guérir, car le transfert vers le Président de la République, qui ne demandait rien, du pouvoir de dissoudre l'Assemblée provinciale ou de relever de ses fonctions le gouverneur de province, c'est ni plus ni moins une violation caractérisée de l'esprit et de la lettre de la constitution.

En effet, si tels les apprentis sorciers, les initiateurs de cette révision constitutionnelle, avaient voulu vider de sa substance le processus de régionalisation et de décentralisation de l'État congolais, ils ne s'y seraient pas pris autrement.

G. Réformer la CENI (Commission électorale nationale indépendante) et organiser les élections provinciales et locales

Depuis la vague des conférences nationales souveraines des années 90, en effet, la République Démocratique du Congo, à l'instar d'autres pays sous la dictature du parti État, a décidé de retirer au gouvernement et à son administration la compétence d'organiser les élections et d'en publier les résultats.

Qu'on l'accepte ou qu'on le déplore, cette compétence a été dévolue à une institution neutre, d'appui à la démocratie, dénommée d'abord la Commission électorale indépendante (CEI), ensuite la CENI et dotée d'une personnalité juridique, au sens de l'article 211 de la constitution.

En matière de compétence, « *La Commission électorale nationale indépendante est chargée de l'organisation du processus électoral, notamment de l'enrôlement des électeurs, de la tenue du fichier électoral, des opérations de vote, de dépouillement et de tout référendum. Elle assure la régularité du processus électoral et référendaire. Une loi organique fixe l'organisation et le fonctionnement de la Commission électorale nationale indépendante* » (art. 211, al. 2, 3, 4).

Cependant, à cause du chaos organisationnel voulu ou subi, les élections présidentielles et législatives du 28 novembre 2001 ont non seulement jeté l'opprobre sur les vainqueurs et les vaincus, mais en outre elles ont discrédité la CENI, pour avoir failli à sa mission constitutionnelle d'« *assurer la régularité du processus électoral* ».

Le silence de la constitution sur la responsabilité individuelle ou collective de la CENI, en cas de préjudice matériel ou moral causé aux candidats victimes de la débâcle organisationnelle et de ses conséquences, milite en faveur de la réforme de la CENI, afin d'éviter que le fiasco de 2011 ne se reproduise à l'occasion des élections *provinciales et locales.*

Dans cette hypothèse, la réforme de la CENI doit porter aussi bien sur sa structure que sur le nombre de ses membres. Ainsi que nous le suggérions dans les médias kinois au lendemain de la crise électorale de 2011, il est urgent de créer deux organes : - d'abord, un organe collégial ou *Assemblée plénière* délibérant et décidant en dernier ressort à la majorité qualifiée des membres présents et engageant la responsabilité de la CENI, à la tête de laquelle se trouve le président de l'Assemblée plénière, président de la CENI ; - ensuite, un bureau exécutif de 5 membres qui doit être confié à l'Administrateur de la CENI, chargé de la mise en œuvre des décisions de l'Assemblée plénière.

Quant au nombre des membres de la CENI, 15 personnes peuvent remplir cette tâche, au prorata de 5 pour la majorité ; 5 pour l'opposition et 5 pour la société civile. Leur choix doit être fondé sur des critères objectifs tels qu'une compétence, une intégrité morale et un sens de responsabilités éprouvés.

Dans tous les cas, le président de l'Assemblée plénière et président de la CENI doit être apolitique, compétent et jouissant d'une moralité publique attestée, et ce d'autant plus que, dans l'esprit de la constitution, une institution d'appui à la démocratie ne saurait être présidée ni par la majorité présidentielle ni par l'opposition politique. Sinon, à quoi sert-il d'avoir jadis retiré cette compétence au gouvernement et à son administration ?

L'enjeu d'une telle réforme est double : d'une part éviter que l'Administrateur de la CENI et son bureau exécutif ne soient à la fois juge et partie, d'autre part, mettre à profit la collégialité de l'Assemblée plénière pour créer les conditions d'un consensus ou à défaut d'une majorité qualifiée raisonnable et non personnalisée.

H. Maîtriser le basculement géopolitique des provinces frontalières

- La diplomatie provinciale

L'une des conséquences inattendues de la *régionalisation* et de la décentralisation de l'État congolais est le basculement géopolitique des provinces frontalières.

En effet, bien que ce phénomène ne soit pas nouveau, il sera porté au zénith demain pour répondre aux besoins ardents de *développement provincial et local* et donc d'accès aux marchés extérieurs.

Cependant, l'enclavement des provinces anciennes ou nouvelles, en quête de marchés et d'opportunités économiques, financières, technologiques, culturelles, au-delà des frontières nationales, devient un handicap majeur pour ces collectivités territoriales.

Dans cette optique, le *basculement géopolitique des provinces frontalières* signifie l'amplification voire l'exacerbation de leur *dynamique d'extraversion* vers les États voisins, en tant que portes d'ouverture sur le monde.

Ce basculement géopolitique concernera les provinces citées ci-dessous et leur hinterland : -

- Le Nord-Qubangi, le Sud-Qubangi et le Bas-Uélé vers la Centrafrique ;
- Le Haut-Uélé vers le Soudan ;
- L'Ituri vers l'Ouganda ;
- Le Nord et le Sud-Kivu vers l'Ouganda, le Rwanda et le Burundi ;
- Le Tanganyika vers la Tanzanie (ports de Dar es-Salam et Mombasa) ;
- Le Haut-Katanga vers la Zambie (ports sud-africains) ;
- Le Lualaba vers l'Angola (port de Lobito) ;
- Le Kasaï vers l'Angola (port de Luanda) ;
- Le Kwango et le Kongo central vers l'Angola et la République du Congo ;
- L'Equateur et le Maï-Ndombé vers la République du Congo.

De ce jeu de bascule découle une *responsabilité* inattendue : les principes de libre administration et d'autonomie de gestion mettront nez à nez les autorités provinciales et locales congolaises et les autorités provinciales et locales des pays étrangers, qu'il s'agisse des questions de maintien de l'ordre, de migration, de circulation, de travail et commerce transfrontaliers, de visas, etc.

Certes, on peut objecter que les provinces ont déjà la qualité d'agir en matière de sûreté intérieure, d'administration des cours et tribunaux, des maisons d'arrêt et de correction et des prisons, d'exécution des mesures concernant la police des étrangers, de calamités naturelles, de protection civile, de tourisme, d'initiative des projets, de programmes et accords de coopération économique, culturelle, scientifique et sociale internationale de trafic routier, de circulation automobile, de construction et de l'entretien des routes d'intérêt national, de la perception et de répartition des péages pour l'utilisation des routes construites par le pouvoir central et, ou par la province etc., relevant de la compétence concurrente du pouvoir central et des provinces.

Néanmoins, les autorités provinciales n'ont pas de *compétences diplomatiques* pour faire face aux conséquences de ce basculement géopolitique. Il serait, par conséquent, de l'intérêt de l'État congolais de prendre des mesures adéquates en faveur d'une *diplomatie provinciale* intégrée dans la *diplomatie nationale*, pour éviter le pire.

- **Le multilatéralisme provincial**

L'enclavement est l'un des goulots d'étranglement du sous-développement des provinces de la République Démocratique du Congo, dépourvues d'accès direct à la mer et qui risquent de connaître des difficultés financières si les recettes perçues par les provinces frontalières sur l'importation et l'exportation de leurs biens et services ne sont pas équitablement réparties par l'État congolais.

Si l'on n'y prend pas garde, en effet, il n'est pas exclu que demain, la question du *multilatéralisme,* au centre d'intérêt des relations commerciales entre les États, devienne une pomme de discorde entre les provinces congolaises obligées, pour leur développement local, d'accroître les recettes en surtaxant les mêmes biens et services plusieurs fois, au risque de déclencher des représailles, c'est-à-dire des barrières douanières ou tarifaires entre les provinces.

Il n'est pas trop tard pour anticiper ces différends, en repensant et rationalisant le système de collecte et de répartition des recettes douanières entre les provinces, dans le strict respect des critères d'équité et d'égalité de traitement.

En effet, les ressources financières étant le nerf de la guerre du développement durable des provinces et des entités territoriales décentralisées, c'est un devoir sacré de l'État congolais d'éviter le pire.

- **Adoption impérative par le Parlement des lois organiques et des lois prioritaires à la mise en œuvre de la décentralisation**

« *C'est au pied du mur qu'on voit le maçon* », dit la sagesse populaire. Le devoir sacré du Gouvernement et du Parlement est de convoquer une session extraordinaire du Parlement, afin de voter en urgence l'ensemble des lois organiques et des lois prioritaires pour finaliser la décentralisation, conformément à la **Stratégie nationale de transfert des compétences et des ressources aux provinces et entités territoriales décentralisées** et selon le **Rapport général** de l'Atelier national de validation de la Stratégie de transfert des compétences et des ressources aux provinces et entités territoriales décentralisées, du 16 au 18 juillet 2012. Il s'agit de : -

- Loi organique fixant les limites des provinces et de la ville de Kinshasa

- Loi portant nomenclature des recettes propres des provinces des autres recettes locales et des modalités de leur répartition

- Loi organique portant organisation et fonctionnement de la Caisse nationale de Péréquation

- Loi portant programmation de l'installation de nouvelles provinces

- Loi organique fixant l'organisation et le fonctionnement des services publics du pouvoir central, des provinces et des entités territoriales décentralisées

- Loi fixant le statut des chefs coutumiers

- Lois-cadres des secteurs décentralisés (agriculture, santé, enseignement primaire, secondaire et professionnel, développement rural) et mesures d'application y afférentes

- Loi portant exercice de la pharmacie

- Loi portant sur les hydrocarbures.

Chapitre 5

Lequel des trois systèmes politiques est le meilleur pour la République Démocratique du Congo ?

Dans l'absolu, aucun des trois systèmes politiques de redistribution des pouvoirs vers les territoires et les peuples, à savoir le fédéralisme, le régionalisme et la décentralisation, n'est meilleur pour la République Démocratique du Congo. Et pour cause !

En effet, un système politique n'est rien d'autre quel « *ensemble des interactions par lesquelles les objets de valeur sont répartis par voie d'autorité dans une société* », selon David Easton[35]. Selon cette acception, il est un mode d'allocation de biens matériels ou moraux, fondé sur un pouvoir d'injonction, résumé par Max Weber dans la célèbre formule « *L'État consiste en un rapport de domination de l'homme sur l'homme fondé sur le moyen de la violence légitime* [36]».

Selon cet entendement, un système politique n'est pas une fin en soi. Il est un outil au service d'une cause ou d'un but à atteindre, en l'occurrence la gouvernabilité et le développement durable de cet État- continent qu'est la République Démocratique du Congo.

---

[35] David Easton, *Analyse du système politique*, Paris, Armand Colin, 1974.
[36] Max Weber, *Le savant et le politique*, Paris, Plon, 1959, 101.

Abordé sous cet angle, un système politique est une production sociale, dont les qualités et les défauts concourent à la recherche des solutions aux crises mettant en cause la survie même de la société et de l'État. Tout dépend de ce que les Congolais veulent faire des normes, des institutions, des mécanismes, de la culture juridique, politique et démocratique du système politique choisi, en l'occurrence les *droits de l'homme*, le *constitutionnalisme*, la *primauté du droit* ou l'esprit des lois, le *développement durable*, les *liens d'interdépendance* économique, sociale, politique et culturelle entre l'État, les provinces et les entités territoriales décentralisées, etc.

Par ailleurs, si les atouts et les vulnérabilités de chaque système politique ne sont pas analysés avec lucidité et les stratégies de riposte déterminées, il est à craindre que le *désenchantement du monde* soit le seul horizon des possibles, aucun système politique n'étant parfait par nature. Le fédéralisme pas plus la régionalisation et la décentralisation de l'État congolais n'échappe à cette règle, à l'instar des pays étrangers tels que le Canada, la Belgique, l'Italie, l'Espagne et la France

1. Le fédéralisme asymétrique : le paradoxe du Canada et de la Belgique

A. Le Canada face à la menace de sécession du Québec

Il a été reproché au fédéralisme républicain de Jefferson, fondé sur l'autonomie des États fédérés, la séparation des pouvoirs et la limitation des pouvoirs de l'État fédéral, de virer de bord au fil de l'histoire, vers l'augmentation des pouvoirs de l'État fédéral, sous l'influence de la Cour suprême.

Ces critiques ont débouché, selon l'histoire et le contexte, sur un fédéralisme inégalitaire ou asymétrique, censé prendre en compte la double dimension des minorités ou des communautés ethniques revendiquant des droits spécifiques. En dépit des progrès accomplis, la menace de sécession du Québec plane sur la viabilité de l'État fédéral, comme l'atteste le jugement rendu par la Cour suprême du Canada.

Dans l'affaire d'un renvoi par le Gouverneur en conseil au sujet de certaines questions ayant trait à la sécession du Québec du reste du Canada formulée dans le décret C.P.1996-1497 en date du 30 septembre 1996, le renvoi demande à la Cour suprême de déterminer si le Québec a le droit de faire sécession unilatéralement. Dans sa décision, la Cour constate que les arguments à l'appui de l'existence d'un tel droit étaient fondés avant tout sur le principe de la démocratie. La démocratie, toutefois, signifie davantage que la simple règle de la majorité. La jurisprudence constitutionnelle montre que la démocratie existe dans le contexte plus large d'autres valeurs constitutionnelles. Depuis la confédération, les habitants des provinces et territoires ont noué d'étroits liens d'interdépendance (économique, sociale, politique et culturelle) basés sur des valeurs communes qui comprennent le fédéralisme, la démocratie, le constitutionnalisme, la primauté du droit, ainsi que le respect des minorités.

Une décision démocratique des Québécois en faveur de la sécession compromettrait ces liens. La constitution assure l'ordre et la stabilité et, en conséquence, la sécession d'une province ne peut être réalisée unilatéralement « en vertu de la constitution », c'est-à-dire sans négociations, fondées sur des principes, avec les autres participants de la Confédération, dans le cadre constitutionnel existant.

Le Québec ne pourrait, malgré un résultat référendaire clair, invoquer un droit à l'autodétermination pour dicter aux autres parties à la fédération les conditions d'un projet de sécession. Le vote démocratique, quelle que soit l'ampleur de la majorité, n'aurait en soi aucun effet juridique et ne pourrait écarter les principes du fédéralisme et de la primauté du droit, les droits de la personne et des minorités, non plus que le fonctionnement de la démocratie dans les autres provinces ou dans l'ensemble du Canada. Les droits démocratiques fondés sur la constitution ne peuvent être dissociés des obligations conventionnelles.

À la question de savoir s'il existe, en vertu du droit international, un droit de sécession unilatérale, la Cour suprême a estimé que le Québec ne constitue pas un peuple colonisé ou opprimé, et on ne peut pas prétendre non plus que les Québécois se voient refuser un accès réel au gouvernement, pour assurer leur développement politique, économique, culturel et social. Dans ces circonstances, l'Assemblée nationale, la législature ou le gouvernement du Québec ne possèdent pas, en vertu du droit international, le droit de procéder unilatéralement à la sécession du Québec du Canada.

Qu'adviendrait-il demain si le Québec, ayant proclamé unilatéralement sa sécession à la suite d'un vote majoritaire, décidait de passer outre cette barrière juridique, soit en refusant la négociation des modalités de cette sécession avec la fédération, soit en constant que les négociations avec la fédération canadienne ne débouchent pas sur un compromis ?

B. La Belgique face à la menace de sécession de la Flandre

Les critiques acerbes contre l'État unitaire ont conduit l'affrontement ethnique larvé entre Flamands et Wallons, réforme après réforme, à la création d'un État fédéral de type asymétrique. En dépit des progrès réalisés, la menace de sécession de la Flandre est un boulet que traîne la Belgique derrière elle.

En effet, le 13 décembre 2006, la RTBF (Radiotélévision belge francophone) interrompait son émission vedette « Questions à la Une » sur le thème « Va-t-on supprimer les indemnités de chômage en Wallonie ? Les Flamands sont-ils plus corrompus que les Wallons ?, et annonçait ex abrupto la *déclaration unilatérale d'indépendance de la Flandre.* Ce fut la panique dans le pays et en Europe, avant que la RTB ne reconnaisse plus tard qu'il s'agissait d'un canular, d'une docufiction.

Quelques années plus tard, une crise institutionnelle paralyse le pays, obligé de rester 481 jours sans gouvernement fédéral. À l'origine de la crise : les Flamands au Nord (60 % de la population) estiment payer pour les Wallons au Sud, accusés de ne pas faire les efforts nécessaires pour se redresser économiquement. Ils réclament une autonomie renforcée, sous la pression du mouvement indépendantiste N-VA de Bart de Wever. À l'inverse, les Wallons redoutent à la fois un appauvrissement de leur communauté et un affaiblissement de l'État fédéral susceptible de préparer le terrain à un éclatement de la Belgique.

Bien qu'un accord sur la réforme de l'État ait dénoué cette crise le 8 octobre 2011 entre les partis politiques francophones et néerlandophones en transférant des pouvoirs accrus aux régions, la sécession de la Flandre continue de nourrir la controverse.

À la question de savoir si « *La sécession de la Flandre conduirait inévitablement au maintien d'une Belgique résiduelle* ? », Marc Verdussen[37], professeur de droit constitutionnel à l'UCL (Université catholique de Louvain) esquisse un scénario : En cas de scission de la Belgique, il faudrait mettre en œuvre un plan A et un plan B. Si le plan A (réforme de l'État) venait à échouer et que l'on doive ainsi recourir au

[37] Interview dans *Libre Belgique*, du 30/10/2010.

plan B, deux options seraient envisageables. Le plan B1, c'est-à-dire le démembrement de l'État : les protagonistes s'assiéraient autour d'une table, consentiraient à scinder l'État et discuter des termes de la dissolution. Le plan B2, c'est-à-dire la sécession : un des protagonistes – la Flandre en l'occurrence – déciderait de proclamer unilatéralement son indépendance. Les deux options ne produisent pas les mêmes effets. Dans le plan B1, l'État belge disparaitrait de la surface de la Terre pour être remplacé par deux, trois ou quatre État nouveaux, tandis que, dans le plan B2, il subsisterait une Belgique résiduelle, seule la Flandre se muant en un État nouveau.

La victoire électorale des indépendantistes flamands aux élections municipales du 14 octobre 2012 risque de relancer ce débat. En effet, les ceux-ci sont sortis grands gagnants, avec une poussée dans toute la Flandre et une victoire symbolique de leur chef Bart De Wever.

Selon Caroline Van Wynsberghe[38], politologue à l'Université catholique de Louvain, les séparatistes flamands ont capté les voix aussi bien du parti de l'extrême droite que des partis traditionnels. Qu'adviendra-t-il demain de la Belgique ? *Wait and see* !

Néanmoins, il ressort de ces deux cas la vulnérabilité essentielle du fédéralisme asymétrique. En effet, les *concessions inégalitaires* libellées en termes de droits personnels (communautés linguistiques) et de droits géographiques (compétences des régions, des provinces, des États fédérés) ne peuvent éradiquer l'affrontement dual entre deux peuples fondateurs d'un État (Canada et Belgique), soumis à une inégalité de traitement historiquement attestée, dès lors qu'à tort ou à raison l'un choisit le chemin de l'indépendance pour s'extirper de la domination majoritaire, qu'elle soit d'ordre ethnique, politique, culturel, économique, social, etc.

---

38 In *Le Figaro* du 15 octobre 2012.

Autrement dit, le fédéralisme asymétrique a débouché sur la *régionalisation de l'État fédéral*, fondée sur une volonté de différenciation, dont le ressort est la revendication des droits particuliers et de l'autonomie, beaucoup plus que la participation à la politique fédérale. Cette déviation peut être également due à certaines circonstances : soit la prise en charge des finalités économiques avec les politiques de développement régional (cas des Länder allemands), soit l'expression par un État fédéré d'un particularisme régional sur une base ethnique (Flandre, Québec).

2. Le régionalisme politique : le paradoxe de l'Italie et de l'Espagne

Le régionalisme politique ou institutionnel est né de la volonté de trouver des solutions aux critiques contre l'État unitaire, accusé de ne point tenir compte de la revendication des droits des minorités ethniques et culturelles. En dépit des progrès réalisés, la menace de sécession de la Catalogne ou de la Padanie risque de faire voler en éclats l'Espagne ou l'Italie

A. L'Italie face à la menace de sécession du Nord

Il y a encore quelques années, note *le Figaro*[39], ce projet de scission faisait sourire, comme les autres provocations de cette « grande gueule » d'Umberto Bossi, secrétaire général de la Ligue du Nord, force dominante de la majorité gouvernementale à Rome (Berlusconi), adepte de l'indépendance d'un État mythique : la « Padanie ».

Désormais, premier parti au Nord de l'Italie, la Ligue a profité des problèmes de Silvio Berlusconi (Chef du gouvernement ou président du conseil) pour dépasser sa formation « Le Peuple de la liberté » dans les intentions de vote. Elle gouverne déjà le Piémont et la Vénétie, tient 375 mairies et compte plus de 5000 maires adjoints. Forte de cette

---

[39] In *Le Figaro* du 14 mars 2011.

capacité de pénétration, la Ligue a arraché à la Chambre des députés un vote sur le fédéralisme fiscal qui réserve l'utilisation des impôts aux collectivités (communes, provinces, régions) où ils sont collectés.

Interrogé sur ces forces centrifuges, le professeur Roberto Artoni, qui dirige l'Institut d'économie politique de l'université Boccioni à Milan, sort la carte du PIB par habitant et par région pour asseoir sa démonstration. En 2009, en Lombardie, le PIB était supérieur à 25 000 euros alors qu'il n'atteignait pas 13 000 euros en Campanie. « *C'est à ce fossé qu'on mesure l'échec de la politique de développement du Mezzogiorno,* explique-t-il. *En Lombardie, on vit comme en Ile-de-France. À Naples, c'est presque le tiers-monde. Comment maintenir une cohésion nationale ?* »

Toutefois, bien que la crise de la dette publique ait provoqué une onde de choc en Italie et mis sur la touche la classe politique traditionnelle au profit d'un gouvernement technocratique « des marchés » dit l'opposition, symbolisé par Mario Monti, d'une part, Umberto Bossi soit plombé, pour l'instant, par un scandale de corruption[40] d'autre part, la menace de la sécession du Nord n'a pas pour autant disparu, même si l'autonomie n'est pas l'autodétermination dans la jurisprudence constitutionnelle italienne[41].

B. L'Espagne face à la menace de sécession de la Catalogne

La crise de sécession de la Catalogne ajoute de la douleur à l'Espagne, au moment où le pays s'enfonce dans la crise de la dette souveraine, entraînant la récession de l'économie.

En effet, alors que la police, dans la capitale espagnole, a barricadé le Parlement contre les manifestants anti-austérité, le gouvernement de Mariano Rajoy a promis de tenir fermement

---

[40] In *Le Figaro* du 5 mai 2012.

[4141] Claire Barthélémy, *Le régionalisme institutionnel en Europe – Droit comparé en Belgique, Espagne, Italie, Royaume-Uni, France*, Paris, L'Harmattan, 2009.

contre une sécession de la Catalogne, la région la plus riche d'Espagne, tandis qu'Artur Mas, le président de la Catalogne, scandait devant des centaines de milliers de manifestants : « *L'heure est venue d'exercer notre droit à l'autodétermination* ». Et ce, après que le chef du gouvernement espagnol, Mariano Rajoy, ait rejeté ses demandes en faveur d'une plus grande autonomie fiscale.

De l'Italie à l'Espagne, on peut constater que l'exercice régional de la souveraineté n'est pas une forteresse expugnable de l'unité politique de l'État, si ses composantes en décident autrement. Pour l'heure, la sécession de la Catalogne autant que celle de la Padanie est une menace potentielle, qui peut entraîner dans son sillage d'autres régions dont le Pays basque, la Galice (communautés autonomes historiques) et l'Andalousie, ainsi que Valence dont l'autonomie est née d'un processus d'autodétermination.

Alors, l'argument économique[42] à la base de l'égoïsme régional prendra-t-il le pas sur la solidarité des États espagnol et italien ? Comment ceux-ci pourraient-ils améliorer leur capacité distributive des richesses nationales, alors qu'ils sont affaiblis par la crise économique ? Pourraient-ils juguler en même temps la crise économique et les menaces sécessionnistes ?

3. La décentralisation à la française : le paradoxe du centralisme culturel de l'État

Les critiques récurrentes de la gauche notamment ont débouché le 2 mars 1982, au lendemain de l'arrivée au pouvoir de François Mitterrand en 1981, sur une loi relative aux droits et libertés des régions, des départements et des communes.

---

[42] Gérard Marcou, « L'autonomie des collectivités locales en Europe : fondements, formes et limites », in *Quel avenir pour l'autonomie des collectivités locales ?,* Éditions de l'Aube, 1999, pp. 31-86.

Dans une acception plus large, cette loi est passée à la postérité comme la décentralisation de l'État français, l'ivresse d'une audace oblige, après tant d'années de glaciation des espoirs réformateurs. Qu'en est-il au juste ?

Voici trente ans déjà que la loi Defferre sur la décentralisation a ouvert le chemin à une réforme structurelle de l'action publique.

Cependant, cette réforme s'est faite d'une manière particulière, en gardant une conception très centralisée de l'État. « *La politique de décentralisation s'est faite sans que la structure et le rôle de l'État ne suivent ce mouvement* », note Philippe Laurent, maire de Sceaux. À la question : « *Pourquoi n'arrivons-nous pas à changer cela ?* », le maire répond : « *C'est un problème culturel. Il y a en France un culte de l'État. Le seul moyen de faire évoluer la situation serait de remettre en cause la vision culturelle que nous avons du rôle de l'État, une direction que nous ne semblons pas prêts à emprunter : ces dernières années, les discours politiques se sont plutôt prononcés en faveur d'un retour vers l'État*[43] ».

Ce constat n'est guère éloigné de celui de Jean-Claude Thoenig[44], il y a 20 ans, lorsqu'il soulignait que par-delà le transfert à des collectivités des compétences notamment dans les domaines de *l'aide sociale, de l'urbanisme, de la formation professionnelle, de l'autorité du préfet au président du conseil régional et régional ; la fiscalité n'est pas réaménagée, le statut des élus locaux n'est pas opéré*, les *administrations de l'État ne sont pas déconcentrées,* etc. La décentralisation n'a pratiquement pas amorcé d'exécutifs territoriaux vers la population, car elle a été faite par l'État vers les grands notables locaux. Il s'agit d'une *décentralisation essentiellement fonctionnelle.*

---

[43] Philippe Laurent, *Décentralisation pour en finir avec les idées reçues*, Paris, LGDJ, 2009 ; lire également « L'échec de la décentralisation à la française : la faute au culte de l'État », In *Blog*, publié le 8 mars 2012.

[44] Jean-Claude Thoenig, « La décentralisation dix ans après », in revue *Pouvoirs*, n° 60, pp. 5-16.

Yves Mény ne dit pas autre chose, lorsque, parlant de la République des fiefs, il écrit : « *Le changement est réel, profond, substantiel, mais il est ancré sur les structures les mieux établies du système politico-administratif français : un puissant réseau de notables cumulant des fonctions nationales et locales et suppléant la faiblesse ou la carence des partis politiques. La décentralisation est, de ce point de vue, le Gouvernement des notables, par les notables et pour les notables.* [45]»

Néanmoins, quelques progrès ont été réalisés à la suite de la réforme de la décentralisation datant de 2007. Cette deuxième vague de réformes, lancée par la révision constitutionnelle de 2003, a permis d' intégrer dans la constitution française les principes de libre administration, de subsidiarité, d'expérimentation et d'autonomie financière (constitution, art. 72, 72-2).

4. Le régionalisme politique et la décentralisation de l'État congolais

A. Le pourquoi du choix d'un système politique mixte

La singularité de la République Démocratique du Congo réside principalement dans le fait que ce type d'État n'a accumulé l'expérience historique ni du fédéralisme, ni de la régionalisation, ni de la décentralisation de l'État, et ce, malgré les incantations stériles voire les ratiocinations que l'on peut entendre ou lire aussi bien au sujet de la Loi fondamentale, de la constitution de Luluabourg, des lois sur la décentralisation de 1982 que de la constitution de 2006, dont il sied de souligner que l'article 226 enjoignant au Gouvernement d'installer effectivement les nouvelles provinces dans les 36 mois n'a jamais été appliqué.

---

45 Yves Mény, « La République des fiefs », in revue *Pouvoirs*, n° 60, 1992, pp. 17-24.

Toutefois, si le constituant de 2006 a fait le choix d'un système mixte combinant régionalisme politique et décentralisation de l'État, c'est pour deux raisons au moins :

D'un côté, il a pris conscience de l'impératif immédiat de juguler les vulnérabilités absolues de la République Démocratique du Congo, c'est-à-dire *l'ingouvernabilité* (et ses dépendances à savoir la désorganisation et l'absence de l'esprit des lois) et le *sous-développement* chronique depuis la date de l'indépendance, le 30 juin 1960. La *gouvernabilité* s'entend au sens que nous donnions à ce terme, c'est-à-dire la « *capacité de faire, faire faire et interdire de faire*[46] *sous-tendant la souveraineté* » et condition sine qua non du développement durable, dont il sied de créer les conditions et de maximiser les opportunités.

De l'autre, le constituant a choisi cette voie médiane (le régionalisme politique et la décentralisation) pour repousser le fédéralisme auquel il est reproché, à tort ou à raison, d'actualiser la *menace de balkanisation de la République Démocratique du Congo,* les sécessions et les rébellions qui écument le pays depuis 1960, l'indépendance du Sud-Soudan en juillet 2011 en faisant foi.

Autrement dit, le choix de coupler régionalisation politique et décentralisation de l'État congolais trouve son sens dans l'histoire tourmentée de la décolonisation du Congo belge d'une part, et dans les enjeux de pouvoir liés hier à la rivalité Est-Ouest (sécessions du Katanga et de Bakwanga, rébellions lumumbistes), aujourd'hui aux rivalités post-guerre froide ou à la lutte pour le leadership régional, avec tout ce qu'entraînent les guerres dites de l'Est : massacres, viols, pillages de ressources, zones de non-droit, etc. d'autre part.

---

[46] Mwayila Tshiyembe, *Migration, Mondialisation, Développement. L'exemple de la RDC*, Paris, L'Harmattan, 2011, pp. 63.

Dès lors, il y a lieu de constater qu'en écartant le fédéralisme le poids de l'histoire inscrit la démarche du constituant congolais dans celle de Solon, l'homme d'État athénien, lorsque ses compatriotes, désemparés par les crises politiques et les guerres à répétition lui demandèrent : « *Quel est le meilleur régime ?* ». Après réflexion, Solon répondit : « *Dites-moi d'abord pour quel peuple et à quelle époque.* ».

Dire à « quel peuple et à quelle époque », c'est prendre à bras-le-corps les contingences de l'histoire, les luttes d'influence pour le pouvoir d'État, les rivalités d'intérêts, les alliances entre les acteurs internes et externes, etc.

Les menaces de sécession du Québec, de la Flandre, de la Padanie, de la Catalogne, etc., subséquemment à la dislocation de l'Union soviétique, de la Yougoslavie, de la Tchécoslovaquie etc., ne cessent d'apporter de l'eau au moulin du constituant congolais, au sujet de la malédiction du fédéralisme dans des États multinationaux ou États de plusieurs peuples, même s'il est lucide de faire remarquer que les États-Unis, l'Allemagne, le Nigeria, l'Éthiopie, sont encore des États fédéraux.

B. Les atouts du système politique mixte

- **Réaffirmation du principe de l'indivisibilité de l'État**

La combinaison de la régionalisation politique et de la décentralisation de l'État congolais permet, à moindre coût, d'avoir les bénéfices du fédéralisme sans ses inconvénients (État composé d'autres États) sous le label de l'État indivisible.

En effet, aussi paradoxal que cela puisse paraître, le principe de « l'indivisibilité de l'État » sous-tend celui de « l'unité dans la diversité » ethnique, culturelle, linguistique, territoriale, religieuse, etc., substrat de la volonté de vivre ensemble pour bâtir un destin commun, dans la loyauté et le respect de la différence.

- **Principe d'égalité de traitement et rejet de l'approche minoritaire et particulariste**

Baromètre du fédéralisme classique, le principe d'égalité de traitement sous-tendant implicitement la régionalisation et la décentralisation de l'État congolais exclut du champ du transfert des compétences la problématique des minorités attenante aux droits particuliers, justifiant l'asymétrie du fédéralisme ou de la régionalisation. Car, contrairement à la légende véhiculée çà et là, la République Démocratique du Congo est par essence un État des minorités. Cela veut dire que, mosaïque de plusieurs peuples dits ethnies, la République Démocratique du Congo n'est sous l'emprise hégémonique d'aucun peuple dit ethnie, que ce soit sur le plan démographique, linguistique, territorial, religieux, etc. Ceci expliquant cela, les provinces autant que les entités territoriales décentralisées jouissent des mêmes droits et ont les mêmes devoirs.

- **Principes d'autonomie et de superposition**

Spécifique au fédéralisme classique, le principe d'autonomie et de superposition est couplé à la gestion et à la libre administration, pour donner corps et signification aux compétences exclusives aussi bien qu'aux compétences concurrentes attribuées à l'État et aux provinces.

- **Le principe de participation**

Caractéristique du fédéralisme, le principe de participation s'exprime pleinement dans le système de régionalisation/décentralisation de l'État congolais, à travers le bicamérisme où le Sénat représente les provinces (art. 104, al. 2) tandis que l'Assemblée nationale représente la nation (art. 101, al. 4).

- **Principe de double ordre juridique dans une hiérarchie des normes**

Certes, les provinces ne disposent pas de leurs propres constitutions, comme c'est le cas des États fédérés. Cependant, elles disposent, pour légiférer dans toutes les matières non interdites par la constitution ou par la loi, d'un ordre juridique distinct nommé les édits, mais qui reste soumis à l'empire de la constitution et de la loi nationales.

- **Conflits de compétences entre l'État et les provinces soumis à la Cour constitutionnelle**

À l'instar du fédéralisme, *« la Cour constitutionnelle connaît des conflits de compétences entre le pouvoir exécutif et le pouvoir législatif comme entre l'État et les provinces »* (article 161, alinéa 3), dans le processus de régionalisation et de décentralisation de l'État congolais (art. 161, al. 1). La Cour constitutionnelle connaît également des recours en *interprétation* de la constitution des gouverneurs de province et des présidents des assemblées provinciales.

- **Principe de triple gouvernance et de triple leadership**

L'une des innovations majeures du processus de régionalisation et de décentralisation de l'État congolais est l'instauration d'une triple gouvernance et d'un triple leadership aux niveaux national, régional et local, auxquels sont attachées les compétences exclusives et les compétences concurrentes du pouvoir central et des provinces, la gouvernance locale et le leadership local exceptés, du fait de la violation de l'esprit de la constitution par la loi.

En effet, après avoir reconfiguré ces trois niveaux de gouvernance et de leadership sous la forme de blocs constitutionnels et défini la clef de répartition des compétences entre le pouvoir central et les provinces (art. 2002, 203, 204), le constituant a confié à la loi organique la mission de continuer son œuvre : « *La composition, l'organisation, le fonctionnement de ces entités territoriales décentralisées ainsi que leurs rapports avec l'État et les provinces sont fixés par une loi organique* » (constitution, art. 3, al. 4).

Néanmoins, à l'analyse du travail constitutionnel accompli par le législateur congolais, force est de constater qu'il a été mal fait, car il n'a pas abouti à la définition, par analogie avec le constituant, des compétences exclusives et des compétences concurrentes des provinces et des entités territoriales décentralisées.

À cause de ce manquement du législateur, c'est non seulement un pan entier de la libre administration et de l'autonomie de gestion des entités territoriales décentralisées qui disparaît au profit de la gouvernance provinciale et du leadership provincial mais c'est aussi l'absence des compétences exclusives et des compétences concurrentes clarifiant le champ des moyens et des responsabilités entre les provinces et les entités territoriales décentralisées porte atteinte au principe même de gouvernance locale et de leadership local, au cœur de l'innovation juridique et institutionnelle, c'est-à-dire le binôme régionalisme-décentralisation concocté par le constituant.

La *révision* de la *loi organique* susmentionnée est la voie la plus sûre pour redresser le tort causé à la gouvernance locale et au leadership local.

- **Principe de républicanisation du pouvoir traditionnel**

En accordant au pouvoir traditionnel (chefferie, secteur) le statut juridique d'entité territoriale décentralisée, en tant qu'espace public de représentation des peuples précoloniaux dits ethnies (ce qui est une première dans les annales politiques africaines), le constituant de 2006 a instauré le *néo-républicanisme*, afin de réconcilier la modernité africaine précoloniale (la monarchie constitutionnelle des royaumes du Congo) avec la modernité occidentale importée (la République).

Dorénavant, cette alliance nouvelle État/ethnies révèle les premiers chaînons manquants du séquençage de la République Démocratique du Congo, qu'elle met à l'abri des soubresauts sécessionnistes. En effet, nul autre citoyen n'a qualité, en droit, pour parler au nom des ethnies et pour les engager par sa signature.

Chemin faisant, tous les politiciens véreux ou en mal de mobilisation sociale, prétendant parler au nom des ethnies et les engager par leur signature pour la sécession, doivent être appréhendés, déférés devant les juridictions et sanctionnés conformément aux lois.

Conclusion

Au terme de cette réflexion, il y a lieu de conclure que le fédéralisme, pas plus le régionalisme politique et la décentralisation, ne saurait être le meilleur système politique pour la République Démocratique du Congo, en dépit des incantations stériles professées çà et là. Et pour cause !

Aucun système politique n'est parfait par nature et tous les systèmes politiques se valent en tant qu'ensemble des interactions par lesquelles s'organise le mode d'allocation des objets de valeur, par voie d'autorité, dans une société.

Il suffit, pour s'en convaincre, de tirer les leçons contrastées de ce qui se passe dans le monde, là où le fédéralisme, le régionalisme politique et la décentralisation sont pratiqués, depuis des décennies, notamment aux États-Unis, au Canada, en Belgique, en France, en Italie et en Espagne.

En effet, l'expérience historique atteste qu'un système politique n'est pas une fin en soi. Sa validité dépend de ce que les peuples veulent faire des opportunités qu'il leur offre, dans leur recherche des solutions aux crises saillantes menaçant la survie des sociétés et des États.

Abordé sous cet angle, le choix d'un système politique n'est pas un jeu de hasard. Il est doublement conditionné : d'une part, par l'histoire et la culture des peuples en cause, d'autre part, par leur vision du monde et de la société, téléguidant le calcul coût/risque des objectifs à atteindre et des moyens correspondants.

Dès lors, la question qui mérite d'être posée est celle-ci : qu'est-ce que le fédéralisme apporterait de plus à la République Démocratique du Congo que le système politique en vigueur depuis la constitution du 18 février 2006, combinant le régionalisme politique avec la décentralisation de l'État ?

Le moins que l'on puisse dire est que rien de plus exaltant ou de plus original ne peut être attendu du fédéralisme, car les effets cumulés de l'*État composé*, c'est-à-dire ses principes généraux autant que ses mécanismes, sont déjà intégrés au régionalisme politique (excepté le qualificatif d'État fédéré et de constitution des États fédérés), tandis que les acquis de l'*État unitaire* le sont déjà par la décentralisation en vigueur dans les textes, en vue de réaliser l'unité dans la diversité.

Par ailleurs, rappelons que le régionalisme n'est rien d'autre qu'une philosophie politique de valorisation, de défense des particularités et des identités des provinces au sein d'un État et d'une nation, d'un cadre politique bien défini, consacrant l'autonomie de gestion et l'auto-administration.

Il en résulte qu'opposer le fédéralisme au régionalisme politique et à la décentralisation, c'est poser le problème de la structure de l'État congolais, dont il importe d'examiner la nature de *l'agencement territorial et fonctionnel* du pouvoir, des principes et des mécanismes y afférents.

Certes, on peut objecter, non sans raison, que l'application partielle du régionalisme politique et la non-application de la décentralisation ont réduit les marges de manœuvre du système politique congolais à l'infirmité d'un canard boiteux qui, tel un cheval de bois, ne peut sauter les haies, en dépit de ses sabots en or. Tel est le cas de la non-installation de nouvelles provinces dans les 36 mois comme prévu par la constitution faute d'un cadre juridique approprié et de l'organisation des élections locales, du nontransfert de 40 % des ressources financières aux provinces existantes. A cause de ces manquements graves, ces dernières ont été privées de leurs moyens d'action en faveur du développement durable, tandis que la démocratisation du pays a vidé de sa substance le Sénat, chambre censée représenter les 26 provinces plus la ville de Kinshasa, qui a tourné à vide durant un mandat de cinq ans.

Néanmoins, la gravité de ces manquements n'autorise pas l'abandon sine die du système politique en vigueur au profit d'un autre, en l'occurrence le fédéralisme, avant même qu'il ne soit expérimenté dans la durée.

Ceci expliquant cela, nous avons la faiblesse de penser que le processus de régionalisation et de décentralisation de l'État congolais est un trésor caché, dont il sied d'élucider la quintessence et de la porter à la connaissance des Congolais et du monde, afin que tout esprit pensant qui le souhaite, puisse avoir la possibilité de se faire une opinion éclairée, par-delà les imprécations des uns et les sarcasmes des autres.

Corrélativement, la régionalisation politique et la décentralisation de l'État congolais s'inscrivent dans un processus de *sociologie politique d'invention*[47] *ou de refondation* de l'espace politique global, pour la première fois depuis la création de l'État indépendant du Congo. Il s'agit d'une révolution silencieuse, capable de transformer de fond en comble la géopolitique interne de la République Démocratique du Congo, dans l'ignorance générale de ses élites.

Chantier du siècle, dirions-nous, le processus de régionalisation politique et de décentralisation a pour fonction de rationaliser l'*agrégation* des territoires morcelés et des pouvoirs de proximité autour d'une *triple* gouvernance et d'un triple *leadership,* en vue de maximiser la gouvernabilité et

---

[47] Bertrand Badie et Guy Hermet, *Politique comparée*, Paris, PUF, 1990, pp. 240-242.

le développement durable, et de minimiser les vulnérabilités collatérales.

En d'autres termes, par-delà la gouvernabilité et le développement durable, la *maîtrise de la scissiparité territoriale* congolaise par la redistribution des pouvoirs de proximité vers les territoires (26 provinces plus la ville de Kinshasa) et les peuples dits ethnies est le défi à relever, afin de contrôler les *dangers du dedans* et de repousser les *menaces du dehors* liés au basculement géopolitique des provinces frontalières, selon les quatre polarités spatiales suivantes : Est (les guerres récurrentes du Kivu Nord et Sud liées aux enjeux géopolitiques rwando-burundais) ; Nord-Est (les agressions de la LRA et des guerriers des nomades Mbororo correspondant aux enjeux géopolitiques ougando-soudanais) ; Nord-Ouest (les violences attribuées au groupe Enyélé à l'Equateur, adossées aux enjeux géopolitiques centrafricains) ; Sud-Ouest (les violences du groupe Bundu dia Kongo dans le Bas-Congo, attachées aux enjeux géopolitique angolo-congolais).

Bien entendu, aucune automaticité n'existe entre les institutions et l'action publique justifiant la possibilité des institutions qu'on appelle la politique, selon Julien Freund. Il s'entend, dès lors, que l'émergence d'une volonté politique ferme et puissante de l'État, des provinces et des entités territoriales décentralisées est la condition sine qua non pour booster le système politique congolais, au nom de l'intérêt général. Le pari peut être gagné à condition de s'en donner les moyens et de vaincre l'adversité.

Bibliographie sélective

Bertrand Badie, *Le développement politique*, Paris, Economica, 3e édition, 1984

Bertrand Badie et Guy Hermet, *Politique comparée*, Paris, PUF, 1990

Pierre Laurent, *Décentralisation, décentralisation pour en finir avec des idées reçues,* Paris, LGDJ, 2009

Les entretiens de la Caisse des Dépôts, *Quel avenir pour l'autonomie des collectivités locales ?,* Paris, Éditions de L'Aube, 1999

Claire Barthélémy, *Le régionalisme institutionnel en Europe*, *Droit comparé en Belgique, Espagne, Italie, Royaume-Uni*, Paris, L'Harmattan, 2009

David Easton, *Analyse du système politique*, Paris, Armand Colin, 1974

Chantal Delsol, *L'État subsidiaire*, Paris, Archives Karéline Editions

Alain G.Gagon (sous la direction), *Le fédéralisme canadien contemporain : fondements, traditions, institutions*, Presses de l'Université de Montréal, 2006

Sophie Collinet, *Droit constitutionnel*, Paris, Librairie Vuibert, 2001, 4e édition

Emmanuel Aubain et Catherine Roche, *L'essentiel du nouveau droit de la décentralisation*, Paris, Gualino éditeur, 2006

François Vergnolle de Chantal, *Fédéralisme et antifédéralisme*, Paris, Que sais-je ? PUF, 2005

Allen A. et alii, *Le fédéralisme : approches politique, économique et juridique*, Bruxelles, De Boeck-Université, 1994

Gaudreault-Desbiens, J.F. Gelinas (dir.) *Le fédéralisme dans tous ses états, gouvernance, identité et méthodologie*, Bruxelles, Bruylant, 2005

Maurice Croisat, *Le fédéralisme dans les démocraties contemporaines,* Paris, Montchrestien, 1992

Antoine Sawadogo, *L'État africain face à la décentralisation*, Paris, Karthala, 2001

Rapport de l'ARE, *L'état de la régionalisation en Europe*, 2010

Pierre Pactet et Ferdinand Mélin-Soucramanien, *Droit constitutionnel,* Paris, Sirey, 2012

Table des matières

République démocratique du Congo aux éditions L'Harmattan

Dernières parutions

MASSACRE DE LUBUMBASHI (11-12 MAI 1990)
Koyagialo Ngbase Te Gerengbo Louis Alphonse
Ce livre revient sur les circonstances de ce drame de mai 1990 : une rixe entre étudiants, à caractère ethnico-politique, sur fond de fin de régime dictatorial du président Mobutu. L'auteur souligne l'iniquité du procès et décrit ses années de prison et sa réhabilitation dans l'opinion. Dirigeant politico-administratif sous le mobutisme, il est aujourd'hui un pilier du nouveau régime mené par le président J. Kabila.
(Coll. Mémoires lieux de savoir, 22.00 euros, 222 p.)
ISBN : 978-2-296-12990-0, ISBN EBOOK : 978-2-296-50743-2

RÉGIMES (LES) POLITIQUES CONGOLAIS ET FRANÇAIS – Une analyse comparative
Kalombo Francis
Dans ce livre, l'auteur tente de confronter le régime politique congolais au régime français, afin d'examiner si les deux modèles sont conformes et /ou totalement identiques, sans négliger les points de dissemblance. Le propos du livre vient rappeler la complexité, la richesse et la profondeur des relations entre la France et la RDC.
(Coll. Comptes Rendus, 19.00 euros, 186 p.)
ISBN : 978-2-336-00217-0, ISBN EBOOK : 978-2-296-50688-6

STRATÉGIE DE DÉVELOPPEMENT DE L'ENSEIGNEMENT PRIMAIRE, SECONDAIRE ET PROFESSIONNEL DE LA RÉPUBLIQUE DÉMOCRATIQUE DU CONGO (2010-2011 - 2015-2016)
Ministère de l'Enseignement Primaire, Secondaire et Professionnel - Préface de Joseph Kabila, Président de la République
L'enjeu de la stratégie de développement de l'enseignement primaire, secondaire et professionnel concoctée par le gouvernement congolais est d'adapter l'offre d'éducation et de formation non seulement à la demande sociale du pays, mais également à la demande de l'excellence imposée par la révolution scientifique et technologique et par la compétition entre les savoirs et les nations, à l'échelle mondiale.
(Coll. Géopolitique mondiale, 15.00 euros, 126 p.)
ISBN : 978-2-336-00164-7, ISBN EBOOK : 978-2-296-50776-0

BLOCAGE (LE) DES TÉLÉCOMMUNICATIONS AU CONGO-ZAÏRE
Bukassa Ambroise V.
L'auteur analyse l'état des télécommunications du Congo-Zaïre. Aucun progrès n'est réalisable sans l'échange et la circulation rapide de l'information. Notant

que le pays ne peut se dérober à son devoir de progrès, l'auteur scrute les voies et les angles du virage à prendre pour la maîtrise des télécommunications servant l'envol du pays.
(Coll. Géopolitique mondiale, 27.00 euros, 264 p.)
ISBN : 978-2-296-96263-7, ISBN EBOOK : 978-2-296-50666-4

PREMIÈRE (LA) GUERRE DU CONGO-ZAÏRE (1996-1997)
Récits de soldats AFDL et FAR
Coordonné par Jewsiewicki Bogumil
À travers des récits de soldats, recueillis en 1997, cet ouvrage retrace en deux parties le périple des vainqueurs de l'AFDL (Alliance des Forces Démocratiques pour la Liberté du Congo) et celui des vaincus des FAR-Interahamwe (Forces Armées Rwandaises).
(Coll. Mémoires lieux de savoir, 16.00 euros, 172 p.)
ISBN : 978-2-296-12987-0, ISBN EBOOK : 978-2-296-50383-0

ETAT (L') AU MONOPOLE ÉCLATÉ
Aux origines de la violence en RD Congo
Aundu Matsanza Guy
Cette étude montre que l'État non seulement subsiste comme autrefois dans l'histoire, mais connaît aussi une mutation de ses fondements pour s'adapter aux transformations de son environnement. A travers le cas de la RDC, l'auteur décrit ces bouleversements en démontrant l'emprise des individus et des réseaux sur les institutions.
(Coll. La Région des Grands Lacs Africains, 18.00 euros, 194 p.)
ISBN : 978-2-296-12989-4, ISBN EBOOK : 978-2-296-50385-4

SYSTÈME (LE) SCOLAIRE AU CONGO-KINSHASA
De la centralisation bureaucratique à l'autonomie des services
Bavuidinsi Matondo Andoche - Préface de Bruno Bordignon
L'école congolaise traverse une crise. De l'irruption brutale de la puissance coloniale belge à nos jours, elle est toujours gérée de manière bureaucratique. Ce système, inspiré de Max Weber et de Taylor, a produit une école improductive, inefficace et inéquitable. Pour pallier cette crise, le livre propose l'autonomisation du service scolaire comme un dispositif révolutionnaire efficace pour construire durablement une école de qualité.
(Coll. Études africaines, 32.50 euros, 316 p.)
ISBN : 9782-296-99457-7, ISBN EBOOK : 9782-296-50086-0

CONGO (RDC) – De la conférence nationale aux élections de novembre 2011
Palabres 0, 12, 0
Sous la direction de Polydor-Edgar Kabeya
Le cheminement vers la démocratie au Congo-ex Zaïre est ponctué depuis vingt-deux ans par des avancées et des pesanteurs politiques : le discours du 24 avril 1990 de Joseph-Désiré Mobutu, l'organisation de la Conférence nationale (août 1991 – décembre 1992), la prise du pouvoir (en mai 1997) par L.-D. Kabila ; la cooptation – après l'assassinat de ce dernier – de son fils, Joseph, à la magistrature suprême. La moralisation de la vie politique,

la bonne gouvernance, le respect des droits humains, la justice sociale, la sécurité des personnes et des biens, autant de chantiers qui restent en friche...
(11.50 euros, 76 p.)

ISBN : 978-2-296-99462-1, ISBN EBOOK : 978-2-296-50222-2

FINANCES (LES) PUBLIQUES DANS LES CONSTITUTIONS DE LA RÉPUBLIQUE DÉMOCRATIQUE DU CONGO
Notes de cours à l'usage des étudiants en droit
Nzuzi Makaya Floribert - Préface de Benjamin Mulamba Mbuyi
Ce recueil retrace les dispositions constitutionnelles relatives aux finances publiques de la République Démocratique du Congo depuis son accession à l'indépendance, le 30 juin 1960, jusqu'à nos jours.
(Coll. Notes de cours, 13.50 euros, 118 p.)

ISBN : 978-2-296-96393-1, ISBN EBOOK : 978-2-296-50213-0

INTRODUCTION AUX THÉORIES ET DOCTRINES POLITIQUES ET SOCIALES
Notes de cours à l'usage des étudiants en Sciences politiques et administratives
Tshiteya Kazumba K.
Cet ouvrage est un condensé des théories et doctrines politiques, économiques et sociales de l'Antiquité gréco-romaine à nos jours.
(Coll. Notes de cours, 23.00 euros, 234 p.) *ISBN : 978-2-296-96415-0*

GÉOPOLITIQUE DE L'EAU ET GOUVERNANCE EN PROVINCE ORIENTALE – République démocratique du Congo
Bomfie Edmond Mokuinema
Cet ouvrage a pour objet la mise en débat de la question de l'eau comme ressource vitale, vecteur des rivalités de pouvoir sur les territoires, dans la configuration de la République démocratique du Congo et de la Province orientale.
(Coll. Géopolitique mondiale, 12.00 euros, 112 p.) *ISBN : 978-2-296-99119-4*

CONJONCTURES CONGOLAISES
Chroniques et analyses de la RDCongo en 2011
Sous la direction de Marysse Stefaan et Omasombo Jean
2011, l'an V de la Troisième République congolaise, est une année qui s'annonçait cruciale. Ce fut, en effet, celle de la première échéance pour le renouvellement des mandats électifs à la présidence et au Parlement national. Cet ouvrage fournit différents éclairages et soulève différentes interrogations sur la situation de la RDC à ce moment de son histoire.
(Coll. Cahiers Africains, 28.50 euros, 274 p.) *ISBN : 978-2-296-97034-2*

HOMMAGE AU PROFESSEUR LÉOPOLD JOSEPH FRANÇOIS MAKOKO – Formateur de la jeunesse congolaise
Tshiband Tshish-A-Tshikez Alphonse
La vie du professeur Léopold Joseph François Makoko fut dominée par un sens poussé de l'honnêteté, de l'intérêt supérieur de la nation et par un dévouement indéniable au service de son pays. Élite du Congo-Kinshasa, il a consacré sa vie à la formation de la jeunesse congolaise, en créant l'Institut

des études congolaises pour la valorisation de la diversité culturelle de son pays.
(Coll. Harmattan RDC, 11.50 euros, 78 p.) ISBN : 978-2-296-96647-5

HISTOIRE DU CONGO KINSHASA INDÉPENDANT
M'Pereng Henri-Pensée
Cette étude ne prétend pas faire l'histoire complète de la République démocratique du Congo. Elle n'est pas non plus l'oeuvre d'un historien, son projet a été motivé par un seul désir : celui d'évoquer les événements qui, sur le plan politique, ont jalonné le parcours de ce pays durant les cinquante ans d'indépendance. Voire bien avant.
(Coll. Etudes africaines, 22.00 euros, 218 p.) ISBN : 978-2-296-96720-5

BÂTIR LE CONGO
Aleyeti Kabwa Nathanaël
Avec la collaboration d'Edmond Pombo é Lilandelo
L'ouvrage tente d'identifier les causes profondes du sous-développement de l'Afrique à travers l'étude du cas du Congo Kinshasa, et montre que l'obstacle majeur au développement de l'Afrique demeure un système qui appauvrit l'Etat et engendre des conflits, un système qui entretient la corruption et qui accentue la dépendance vis-à-vis de la haute finance internationale. L'auteur propose alors le remède administratif et économique comme piste de solution.
(Coll. Points de vue, 22.00 euros, 214 p.) ISBN : 978-2-296-96373-3

SUR LES BERGES DU CONGO... ON DANSE LA RUMBA
Ambiance d'une ville et sa jumelle : Kinshasa/Brazzaville des années 50-60
Manda Tchebwa Antoine
Au fil des pages glissent le temps et les lieux, Kinshasa, Brazzaville, l'histoire des hommes et du pays, du fleuve et de la ville, dans la langueur de la musique qui les baigne. Car la ville de Kinshasa est au coeur de ce livre, avec sa vie intense, ses odeurs enivrantes et ses couleurs éclatantes, l'intensité et la convivialité de ses innombrables bars. Les mots bougent sous le rythme entraînant de la rumba.
(Coll. Racines du Présent, 27.50 euros, 266 p.) ISBN : 978-2-296-56303-2

ONU (L') ET LA DIPLOMATIE DES CONFLITS
Le cas de la République Démocratique du Congo
Kumaba Mbuta Wutibaal
Préface de Dominique Bangoura
Par une approche juridico-politico-stratégique, ce livre traite d'un enjeu fondamental des relations internationales : le redéploiement des opérations de maintien de la paix de l'ONU depuis la fin de la guerre froide. Le but est d'appréhender les efforts et les difficultés de l'ONU dans sa mission de gestion et de liquidation des conflits, à travers l'exemple de la RDC.
(Coll. Afrique : politiques publiques, sécurité, défense, 40.00 euros, 420 p.)
ISBN : 978-2-296-96080-0

L'HARMATTAN, ITALIA
Via Degli Artisti 15; 10124 Torino

L'HARMATTAN HONGRIE
Könyvesbolt ; Kossuth L. u. 14-16
1053 Budapest

ESPACE L'HARMATTAN KINSHASA
Faculté des Sciences sociales,
politiques et administratives
BP243, KIN XI
Université de Kinshasa

L'HARMATTAN CONGO
67, av. E. P. Lumumba
Bât. – Congo Pharmacie (Bib. Nat.)
BP2874 Brazzaville
harmattan.congo@yahoo.fr

L'HARMATTAN GUINÉE
Almamya Rue KA 028, en face du restaurant Le Cèdre
OKB agency BP 3470 Conakry
(00224) 60 20 85 08
harmattanguinee@yahoo.fr

L'HARMATTAN CAMEROUN
BP 11486
Face à la SNI, immeuble Don Bosco
Yaoundé
(00237) 99 76 61 66
harmattancam@yahoo.fr

L'HARMATTAN CÔTE D'IVOIRE
Résidence Karl / cité des arts
Abidjan-Cocody 03 BP 1588 Abidjan 03
(00225) 05 77 87 31
etien_nda@yahoo.fr

L'HARMATTAN MAURITANIE
Espace El Kettab du livre francophone
N° 472 avenue du Palais des Congrès
BP 316 Nouakchott
(00222) 63 25 980

L'HARMATTAN SÉNÉGAL
« Villa Rose », rue de Diourbel X G, Point E
BP 45034 Dakar FANN
(00221) 33 825 98 58 / 77 242 25 08
senharmattan@gmail.com

L'HARMATTAN TOGO
1771, Bd du 13 janvier
BP 414 Lomé
Tél : 00 228 2201792
gerry@taama.net

Achevé d'imprimer par Corlet Numérique - 14110 Condé-sur-Noireau
N° d'Imprimeur: 100545 - Dépôt légal: août 2013 - *Imprimé en France*